Friedrich Weissensteiner

Frauen auf Habsburgs Thron

Die österreichischen Kaiserinnen 1804–1918

Ueberreuter

Die Deutsche Bibliothek - CIP-Einheitsaufnahme

Weissensteiner, Friedrich:
Frauen auf Habsburgs Thron : die österreichischen Kaiserinnen /
Friedrich Weissensteiner. - Wien : Ueberreuter, 1998
ISBN 3-8000-3709-2

AU 0452/1

Umschlag: Maria Ludovica, Zita (Bildarchiv der Österreichischen Nationalbibliothek),
Karoline Auguste (Carolino Augusteum, Salzburger Museum für Kunst und
Kulturgeschichte), Maria Anna (Lubienski, Graz), Elisabeth (Stift Göttweig,
Fotoatelier Brunner), Marie Therese (Franzensburg, Laxenburg)

Printed in Austria
1 3 5 7 6 4 2

Inhalt

Vorwort

Es war zu erwarten, daß der hundertste Todestag der Kaiserin Elisabeth in ganz Österreich und im benachbarten Ausland einen Sisi-Rummel auslösen würde. Die exaltierte, extravagante Gemahlin Franz Josephs wird auch heute noch bewundert, obwohl die historische Forschung das nostalgisch verklärte Bild der Kaiserin längst »zurechtgerückt« hat. Das ist nur so zu erklären, daß Elisabeth längst zum Mythos entrückt ist und Retuschen an ihrem Image nicht oder kaum mehr möglich sind.

Ich bewundere Elisabeth nicht. Ich bin kein Sisi-Fan. Für mich war sie keine Kaiserin. Sie trug nur diesen Titel. Ich setze in diesem Buch bewußt einen Kontrapunkt. Ich stelle diese seltsame Frau, die als die österreichische Kaiserin schlechthin gilt, in die Reihe jener anderen Damen von Stand und Adel, die zwischen 1804 und 1918 als Kaiserinnen gewirkt und ihre kaiserliche Würde ernst genommen haben. Ich relativiere auf diese Weise Elisabeths Stellung als Herrscherin. Nicht, um ihr etwas von ihrer Faszination zu nehmen, sondern um zu zeigen, welche Fehlhaltungen und Versäumnisse ihr angelastet werden können.

Die fünf anderen österreichischen Kaiserinnen haben, jede auf ihre Art, ihre hohe Stellung ernsthafter und pflichtbewußter wahrgenommen als die Gattin Franz Josephs.

Marie Therese, die zweite Gemahlin Franz' I., schenkte dem Kaiser zwölf Kinder. Sie war musikalisch begabt, gesellig, gab dem oft zögernden Gatten Ratschläge und beeinflußte seine Entscheidungen.

Maria Ludovica, die dritte Gattin des Kaisers, mischte sich offen in die Politik ein. Die lungenkranke, schöne, geistvolle, kunstsinnige Frau war eine engagierte Gegnerin Napoleon Bonapartes und verehrte Gesprächspartnerin Johann Wolfgang von Goethes in den böhmischen Kurorten Karlsbad und Teplitz.

Ihre Nachfolgerin, Karoline Auguste, vergötterte ihr »Herzensmännchen«. Hausmütterlich, schlicht und einfach in ihrer Lebensführung, natürlich und selbstlos, widmete sie sich ganz der Aufgabe, dem Kaiser das Leben zu erleichtern. Durch ihre große Wohltätigkeit erwarb sich die fromme Frau den Ruf einer Mutter der Armen und Notleidenden.

Kaiserin Maria Anna, die Gemahlin des unbedeutenden Ferdinand I., kann man schon deshalb menschliche Achtung nicht versagen, weil sie, obwohl selbst kränklich, jahrzehntelang mithalf, ihren kranken Gemahl (Ferdinand litt an Epilepsie) zu betreuen und zu pflegen. Auch sie war karitativ tätig und führte auf der Prager Burg, dem Hradschin, bis zum Tod ihres Gemahls ein zurückgezogenes und danach ein beinahe klösterliches Leben. Ihr Lebensbild wurde noch nie gezeichnet. Ich habe versucht, aufgrund eingehenden Quellenstudiums – die Quellen fließen freilich spärlich – ihm Umriß und Kontur zu geben.

Bleibt noch die letzte österreichische Kaiserin, Zita von Bourbon-Parma. Ehrgeizig, willensstark und hochintelligent spielte sie an der Seite Kaiser Karls I. eine bedeutende politische Rolle. Im Alter von dreißig Jahren zur Witwe geworden, sorgte sie mit strenger, aber liebevoller Fürsorge für die Erziehung ihrer Kinder und verbrachte viele Jahre ihres Lebens im Ausland. Zita wurde 97 Jahre alt. Ihr Leichenbegängnis am 1. April 1989 und ihre Beisetzung in der Kapuzinergruft in Wien wurde zur letzten Demonstration monarchisch-höfischen Zeremoniells.

Im vorliegenden Buch wird der Versuch unternommen, das Leben und die Persönlichkeit der genannten Kaiserinnen (bei den meisten in dieser Form zum erstenmal) in anschaulichen, farbigen Kurzporträts nachzuzeichnen und einen knappen Einblick in ihr dynastisches Schicksal zu geben. Das politische Umfeld, in das sie hineingestellt waren, wird in dem Ausmaß vermittelt, in dem es für das Verständnis ihres Handelns notwendig ist. Es ist ein bislang vernachlässigtes, reizvolles Stück Familien- und Frauengeschichte, das ich den am Thema interessierten Leserinnen und Lesern nahebringen möchte. Nicht mehr und nicht weniger.

Zu Dank verpflichtet bin ich Herrn General i. R. August Ségur-Cabanac, der mir aus seinem Privatbesitz Aufzeichnungen über Kaiser Ferdinand und Kaiserin Maria Anna zur Einsichtnahme überlassen hat. Herrn Dr. Gerd Holler (Baden) danke ich für seine Hilfe bei der Auswertung von hofärztlichen Rezeptverschreibungen.

Frau Dr. Adriana Vignazia hat, verbunden mit guten Ratschlägen, die Briefe der Kaiserin Maria Anna aus dem Italienischen übersetzt. Herrn Dr. Ernst Gamilschegg und Herrn Wolfdieter Hassfurther verdanke ich freundliche Hinweise.

Wien, im Frühjahr 1998 Dr. Friedrich Weissensteiner

KAISERIN MARIE THERESE

LEBENSLUSTIGE BIEDERMEIERKAISERIN MIT FAMILIENSINN

2. Gemahlin Kaiser Franz' II. (I.)
Geboren am 6. Juni 1772 in Neapel
Heirat am 19. September 1790 in Wien
Gestorben am 13. April 1807 in Wien

Als am 6. Juni 1772 am Bourbonenhof zu Neapel dem Königspaar ein erstes Kind geboren wurde, war die Freude groß. Es war zwar »nur« ein gesundes Mädchen, das die junge Königin zur Welt gebracht hatte, aber es hatte immerhin vier Jahre gedauert, ehe die Verbindung zwischen Maria Karolina, einer Tochter Maria Theresias, und König Ferdinand IV. (I.) von Neapel-Sizilien ersten Kindersegen trug. Dann freilich ging es Schlag auf Schlag. Maria Karolina kam gewissermaßen aus dem Kindbett nicht mehr heraus. In den nächsten beiden Jahrzehnten schenkte die Königin nicht weniger als siebzehn Kindern das Leben und übertraf mit dieser Schar sogar die Mutter in Wien, die bekanntlich sechzehn Sprößlinge gebar.

Die Ehe zwischen Maria Karolina und Ferdinand klappte nur im Bett gut. Ansonsten war sie eine Hölle. Zu verschieden waren die Charaktere der beiden von ihren Familien zusammengeführten Lebenspartner, zu unterschiedlich ihre Temperamente, ihre Talente, ihre Lebensauffassungen. Die Königin hatte einen wachen Verstand, sie war impulsiv, heftig, energisch und entschlußkräftig. Mit zunehmendem Alter wurde sie immer ungeduldiger, zänkischer, herrischer, zu einer engagierten dynastischen Vorkämpferin gegen die Herrschaft Napoleons. Sie haßte und bekämpfte den Emporkömmling aus Korsika aus ganzem Herzen und mit der ihr eigenen leidenschaftlichen Verbissenheit.

Der König war ein geistig träger, ein schlecht erzogener, hemmungsloser und ungehobelter Flegel, ein Schürzenjäger, der seinen Neigungen und Begierden keinerlei Schranken auferlegte. Er griff seiner Gemahlin in aller Öffentlichkeit derb auf den Busen, klopfte den Hofdamen ungeniert auf das Hinterteil und beglückte jede Frau, die ihm gerade über den Weg lief, mit seiner Manneskraft.

Es waren nicht nur Damen von adeligem Geblüt, denen er seine Gunst schenkte. Er stellte auch Tänzerinnen, Dienstmädchen und Mägden nach. Seine königlichen Galanterien kannten keine sozialen Schranken.

Im Königspalast zu Neapel ging es zuweilen sehr unstandesgemäß zu. Es gab Streit, Hader und Zwist, heftige Auseinandersetzungen, bei denen die willensstarke Frau aus dem Haus Habsburg-Lothringen allmählich die Oberhand behielt und schließlich das Zepter an sich riß. Auch in der Politik. Die Mutter im fernen Wien, die ihr streng aufgetragen hatte, sich von der Politik fernzuhalten, hörte und sah es mit Mißvergnügen.

Die erstgeborene Tochter des so disharmonischen neapolitanischen Königspaares erhielt selbstverständlich den Namen der berühmten Großmutter. Man taufte sie auf französisch Marie Thérèse und rief sie im Familienkreis kurz Teresa. Eingedeutscht lautete ihr Name Marie Therese.

Das kleine hübsche Mädchen wuchs unter der Oberaufsicht der Mutter auf, die ihr eine fürsorgliche Erziehung angedeihen ließ. Maria Karolina selbst war am Wiener Hof streng erzogen worden und hielt etwas auf Bildung. Trotz ihrer intensiven Einmischung in die Politik, kümmerte sie sich eifrig um ihre Kinder und war ihrer ältesten Tochter, die ihr dem Aussehen nach ähnelte, zärtlich zugetan.

Marie Therese entwickelte sich gut. Marie Christine, eine der Schwestern Maria Karolinas, und deren Gemahl, Albert von Sachsen-Teschen, die zum Jahreswechsel 1775/76 nach Neapel kamen, fanden die kleine Vierjährige wohlerzogen und über ihr Alter entwickelt. Der österreichische Gesandte am Königshof pflichtete ein paar Jahre später diesem Urteil bei. Liebenswürdig und lebhaft sei die älteste Königstochter, berichtete er nach Wien und hob hervor, daß sie schon Grundkenntnisse in der deutschen, italienischen und französischen Sprache besitze.

Der Mutter hätte das Lob des Gesandten, wäre es ihr zu Ohren gekommen, sehr wohl gefallen. Sie kümmerte sich nicht nur um das gesundheitliche Befinden ihrer Kinder, sie überwachte auch deren Ausbildung und brachte ihnen, wenn es ihre Zeit erlaubte, sogar persönlich Geschichts-, Geographie- und Musikkenntnisse bei. Das neapolitanische Bildungsniveau hielt sie im übrigen für rückständig und unterentwickelt.

Ganz in der Art der Kaiserin in Wien, die mit ihren Töchtern, die sie sehr liebte, bedenkenlos Heiratspolitik betrieb, machte sich auch die Königin von Neapel-Sizilien schon sehr früh Gedanken über mögliche Ehepartner ihrer Erstgeborenen. Marie Therese stand erst im zehnten Lebensjahr, als die Mutter bereits einen Gatten für sie ins Auge faßte. Die Wahl fiel auf einen russischen Großfürsten. Aber der Plan zerschlug sich, noch ehe er mit den Mitteln der Diplomatie verfolgt werden konnte. Die kleine Prinzessin ahnte und wußte natürlich nichts davon. Sie lebte, sobald sie ihren Unterricht hinter sich gebracht hatte, sorglos in den Tag hinein und spielte mit ihren Puppen. Maria Karolina mußte sich für sie um einen anderen Heiratskandidaten umsehen. Unbekümmert um genetische und erbbiologische Überlegungen, dachte sie an einen der Söhne ihres Bruders Leopold, der als Großherzog der Toskana in Florenz residierte und mit männlichen Nachkommen reichlich gesegnet war. Verwandtenehen waren in den europäischen Herrscherhäusern gang und gäbe. Dynastische Inzucht an den Fürstenhöfen war damals gewissermaßen eine genealogische Selbstverständlichkeit.

Von einer ehelichen Verbindung zwischen den Fürstenkindern von Neapel und Florenz wollte der kaiserliche Bruder in Wien freilich nichts wissen. Josef II., der nach dem Tod seiner beiden Gemahlinnen, Isabella von Bourbon-Parma und Josefa von Bayern, und seiner beiden Töchter aus erster Ehe ohne Erben dastand, hatte andere dynastische und staatspolitische Pläne. Er hatte Erzherzog Franz, Leopolds ältesten Sohn, zu seinem Nachfolger erkoren und holte den Sechzehnjährigen zur weiteren Ausbildung und Vorbereitung auf sein schweres Amt 1784 nach Wien.

Der »Kaiserlehrling«, wie man Franz im Volksmund scherzhaft nannte, wurde von seinem Onkel in eine harte Schule genommen, und der Kaiser suchte auch eine Frau für ihn aus. Die Auserwählte war Elisabeth Wilhelmine von Württemberg. Am Dreikönigstag 1788 fand die Hochzeit des Paares statt. Die Flitterwochen waren kurz. Schon zwei Monte nach der Trauungszeremonie in der Wiener Augustinerkirche mußte der jungvermählte Erzherzog mit dem Kaiser in einen Türkenkrieg ziehen. Franz, der in diesem Feldzug eine staunenswerte Kaltblütigkeit an den Tag legte, kehrte frisch und unversehrt nach Wien zurück. Der Kaiser hatte sich in diesem Waffengang eine tödliche Lungentuberkulose geholt.

Am 20. Februar 1790 hauchte Kaiser Josef II. nach einem langen, qualvollen Leiden sein Leben aus. Bereits zwei Tage zuvor war Elisabeth Wilhelmine, die Franz seelisch sehr verbunden gewesen war, nach der Geburt einer Tochter im Wochenbett gestorben. Innerhalb weniger Tage hatte sich das Leben des phlegmatischen, schwerblütigen Erzherzogs Franz, der so gar nichts Südländisches an sich hatte, von Grund auf verändert. Er war 22 Jahre alt und zum erstenmal in seinem Leben Witwer. Er sollte dieses Schicksal noch ein paarmal auf sich nehmen müssen.

Die Nachfolge Josefs II. trat dessen Bruder Leopold an. Der kluge, diplomatisch geschickte Großherzog, der in 25jähriger Herrschaft in der Toskana ein beachtenswertes Reformwerk zustande gebracht hatte, setzte neue politische Akzente und schlug auch in der Familienpolitik neue Wege ein. Kaum war der Leichnam Josefs II. in der Kapuzinergruft beigesetzt, schlug Leopold der Schwester in Neapel ein weitgehendes habsburgisch-bourbonisches Heiratsprojekt vor. Seine beiden ältesten Söhne Franz und Ferdinand sollten die beiden erstgeborenen Töchter Maria Karolinas, Marie Therese und Marie Louise, heiraten, seine Tochter Klementine den neapolitanischen Thronfolger Francesco, der allerdings erst im dreizehnten Lebensjahr stand.

Maria Karolina frohlockte. Sie war durch eine Fügung des Schicksals am Ziel ihrer Wünsche angelangt.

Dem brüderlichen Vorschlag folgten die unvermeidlichen offiziellen Schritte, ein reger Briefwechsel zwischen den beiden Herrscherhäusern setzte ein. Der Hochzeitsvertrag mußte ausgearbeitet und unterzeichnet, die Ausstattung der beiden Bräute ausgehandelt, die Heiratsmodalitäten festgesetzt werden. Leopold entsandte zu diesem Zweck einen außerordentlichen Botschafter nach Neapel, der die diesbezüglichen Verhandlungen führte. Er wurde vom Königspaar in feierlicher Audienz empfangen und überreichte bei dieser Gelegenheit die Porträts der beiden Erzherzöge, die deren zukünftigen Ehefrauen zur Ansicht und Betrachtung vorgelegt wurden. So war es jedenfalls üblich. Marie Therese und Marie Louise »sahen« ihre Ehegatten zum erstenmal und konnten sich jetzt zumindest eine Vorstellung von deren Aussehen machen. Über ihre Reaktionen ist nichts bekannt. Ob sie an ihnen Gefallen fanden oder nicht, wäre ohnedies nicht von Belang gewesen. Die Söhne und Töchter von Kaisern und Königen, von Fürsten und Grafen wurden, was die Wahl ihrer Ehe- und Lebenspartner betrifft, von den Eltern nicht um ihre Meinung gefragt. Sie waren Figuren auf dem Schachbrett der Politik. Nicht ihr persönliches Glück zählte, sondern die Staatsräson. Ob sie einander gefielen, ob sie zusammenpaßten, kümmerte niemanden. Das war auch im vorliegenden Fall nicht anders. Am 15. August 1790 fand, und auch das gehörte zum höfischen Ritual, in Neapel die Trauung per procurationem statt, wobei der neapolitanische Kronprinz anstelle der abwesenden Erzherzöge als Bräutigam fungierte. Eine öffentliche Tafel nach der Ehezeremonie, wie es Usus war, unterblieb. Man befürchtete Rang- und Etikettestreitigkeiten zwischen den ausländischen Diplomaten. Im 18. Jahrhundert konnte an einem Fürstenhof jeder Schritt zu einem Fauxpas, einem Fehltritt, werden. Vorsicht war also oberstes Gebot. Am 20. August brach das Königspaar mit den beiden Bräuten und einem kleinen Gefolge in die ferne Kaiserstadt auf. Die Reise ging zunächst auf dem Seeweg nach Fiume und Triest und von dort auf holprigen Straßen über Graz nach Wien, wo die Gäste am 17. September eintrafen. Eine Strecke, die man heute im Flugzeug in kaum zwei Stunden zurücklegt, nahm damals beinahe einen Monat in Anspruch, von den Unbequemlichkeiten und Fährnissen einer solchen Unternehmung gar nicht erst zu reden.

Maria Karolina, die nach langer Abwesenheit die Hofburg wiedersah, fühlte sich an ihre Kindheits- und Jugendtage erinnert. Ihr manierloser Gemahl mag über die große Stadt mit ihren prächtigen Bauwerken, ihren herrlichen Kirchen und Palästen und die weitläufige kaiserliche Residenz gestaunt haben.

Und die kleine, junge Braut? Wie mag ihr zumute gewesen sein? Zunächst einmal stand ihr die erste persönliche Begegnung mit ihrem zukünftigen Gemahl bevor, der sie pochenden Herzens entgegensah. Alle Anzeichen deuten darauf hin, daß der 22jährige Franz, der erst jüngst von einer schweren Krankheit genesen war, und die um vier Jahre jüngere Marie Therese sogleich aneinander Gefallen gefunden haben.

Marie Therese wird in zeitgenössischen Berichten (und ihre Porträts bestätigen es) als eine anmutige Frau mit blondem Haar, hellblauen, ausdrucksvollen Augen, vollen Lippen und einer etwas zu großen Nase im hübschen Gesicht geschildert, als eine muntere, heitere Person, eine südländische Frohnatur, die Sinnlichkeit ausstrahlte. Ihr Auserwählter, Erzherzog Franz, hatte schon als junger Mensch einen Hang zur Schwermut, er war gefühlsarm, schüchtern, ernst, in sich gekehrt, von spartanischer Einfachheit, streng gegen sich selbst und pflichtbewußt. Seine äußere Gestalt war einnehmend, aber nicht von nachhaltiger Anziehungskraft. Faszination ging von ihm keine aus. Er war hager von Gestalt, seine Gesichtszüge waren blaß und ausdruckslos.
Vom Naturell her gesehen, waren die beiden Ehepartner zweifellos Gegensätze. Aber das hatte nicht allzuviel zu bedeuten. Nehmen wir es vorweg: Franz und Marie Therese verstanden einander blendend, führten siebzehn Jahre lang eine glückliche Ehe.

Die Hochzeit der miteinander auf engste verschwisterten Fürstenkinder aus Florenz und Neapel (sie waren Cousins und Cousinen ersten Grades und hatten eine gemeinsame Großmutter: Maria Theresia) fand am 19. September 1790 in der Augustinerkirche, der Hochzeitskirche der Habsburger, statt. Es war natürlich ein glanzvolles, jedenfalls aber ein ungewöhnliches Ereignis, denn es kommt auch in einer Kaiserstadt nicht alle Tage vor, daß gleich zwei Fürstenpaare zur gleichen Stunde einander das Jawort geben.
Während die Zeremonie ablief, läuteten in ganz Wien die Kirchenglocken. Das Innere der Augustinerkirche war mit Gobelins festlich geschmückt und vom Schein unzähliger Kerzen erhellt. Im weihevollen Kirchenraum herrschte atemlose Stille, als der Fürsterzbischof von Wien, Kardinal Christoph Anton Graf Migazzi, in Anwesenheit der Majestäten und zahlreicher ausländischer Diplomaten die Vermählung der Paare vornahm. Maria Karolina soll, so wird berichtet, nur mit Mühe Tränen der Rührung zurückgehalten haben.
Nach der feierlichen Trauung gab es für die Festgäste eine opulente Tafel, die bis zum Abend währte. Danach versammelte sich die

kaiserliche Familie in den Appartements des Erzherzogs Franz im zweiten Stockwerk des Schweizertraktes der Hofburg zu einem Diner. Und dann zogen sich die Neuvermählten in ihre Schlafgemächer zurück. Sie taten es nicht alleine, sondern in Begleitung der beiden Elternpaare. Während der Bräutigamvater ein Gebet sprach, entkleidete die Brautmutter höchst persönlich ihre beiden Töchter für die Hochzeitsnacht. Auch das gehörte zum ungeschriebenen Ritual einer Fürstenehe. Während Marie Therese, wie die Königin von Neapel in ihrem Tagebuch festhielt, hiebei »mitleiderregend weinte«, war Marie Louise bereits »halbtot vor Schlag«. Wir wissen aus Berichten anderer Damen des Kaiserhauses, etwa aus den Memoiren Stephanies, der Gattin des Kronprinzen Rudolf, wie mitleidlos sie in eine (unglückliche) Ehe gestoßen wurden und wie qualvoll für sie die Hochzeitsnacht gewesen ist. Die beiden neapolitanischen Prinzessinnen haben sich darüber nicht geäußert.

Für Flitterwochen blieb jedenfalls keine Zeit. Denn schon bald nach den Hochzeitsfeierlichkeiten, am 3. Oktober 1790, brach der gesamte kaiserliche Hof in prächtigen Karossen zur Krönung des Großherzogs Leopold zum römisch-deutschen Kaiser nach Frankfurt am Main auf. Die Reise nahm geraume Zeit in Anspruch und hatte ohne Zweifel nicht nur angenehme Seiten.

Erzherzog Franz und seine junge Gemahlin wurden dort Zeugen eines Schauspiels, das nach jahrhundertealten Regeln und Vorschriften ablief, aber gegen Ende des 18. Jahrhunderts schon antiquiert wirkte. Der nüchterne, sparsame Franz mag das so empfunden haben.

Jedenfalls stand die alte, ehrwürdige Reichsstadt wochenlang ganz im Banne des großen Ereignisses. Die Vorbereitungen dafür wurden mit großem Eifer betrieben und kosteten eine Stange Geld, wie kritische Stimmen übellaunig vermerkten.

Als Krönungskirche war die Thumkirche vorgesehen. Sie wurde daher gründlich renoviert und erhielt eine neue Orgel. Auch die Häuser im Zentrum der Stadt wurden auf Glanz hergerichtet, die Straßen ausgebessert und geebnet. Bereits etliche Tage vor dem Spektakel strömten zahlreiche zahlungskräftige Schaulustige in die Stadt und mieteten sich in den bestsituierten Quartieren ein, um die diversen

Festlichkeiten von einem gesicherten Fensterplatz aus beobachten zu können.
Die ersten Honoratioren, die eintrafen, waren die geistlichen Kurfürsten, die bei den Krönungsfeierlichkeiten eine unentbehrliche Rolle spielten. Sie ritten mit ihrem Gefolge mit »Pauken und Trompeten« ein und erregten beträchtliches Aufsehen. Das Volk diskutierte das bevorstehende Ereignis bei Bier und Wein in den Wirtshäusern. Für reichliche Abwechslung war jedenfalls gesorgt. Am 30. September 1790 war Leopold zunächst von den drei geistlichen und den vier weltlichen Kurfürsten, die sich durch Abgesandte vertreten ließen, zum römischen Kaiser gewählt worden. Bald darauf zog der Gewählte dann in die Stadt ein. Der Galazug, so berichtet ein Augenzeuge, setzte sich aus 88 sechsspännigen Wagen zusammen, in deren letztem der Kaiser saß. Ihm wurde von den zahlreichen Menschen, die die Straßen säumten, ein begeisterter Empfang bereitet. Der 9. Oktober 1790 war der Tag der Krönung.
Nach der Salbung durch den Kurfüsten von Mainz, dem seine Amtskollegen aus Trier und Köln assistierten, wurde seiner Majestät die Krone auf das Haupt gesetzt. Ein Tedeum, in das alle im Dom versammelten Würdenträger einstimmten, beschloß die kirchliche Zeremonie. Die Teilnehmer an den Krönungsfeierlichkeiten zogen nunmehr in einem farbenprächtigen Festzug zum Römer, dem aus einer Reihe von Bürgerhäusern bestehenden Frankfurter Rathauskomplex, wo das abschließende Krönungsmahl stattfand. Das Volk wurde auf den Straßen durch auf dem Spieß gebratene Ochsen und Springbrunnen, aus denen zur freien Benützung Wein und Milch flossen, bei guter Laune gehalten.
In Frankfurt begegnete Erzherzog Franz im übrigen zum erstenmal jenem Mann, der sich Jahre danach in seinen Diensten zum Staatsmann von europäischem Format entwickeln sollte: Clemens Wenzel Lothar von Metternich.
Auf die Kaiserkrönung folgte am 15. November 1790 in der Preßburger St.-Martins-Kirche die Krönung Leopolds zum König von Ungarn, an der Franz und seine Gemahlin ebenfalls teilnahmen.

Nach diesen wichtigen und entscheidenden Staatsaktionen zog in der Wiener Hofburg wieder der Alltag ein. Der Thronfolger wurde von seinem kaiserlichen Vater mit einer Reihe von Aufgaben betraut, die er mit umsichtiger Klugheit anging und zu lösen versuchte. Er schlichtete Streit zwischen den Behörden, mahnte ausständige Berichte ein, deckte Verwaltungsmängel auf und erstellte Entwürfe für Einsparungsmaßnahmen im Heerwesen. Franz bohrte sich mit unermüdlichem Fleiß durch Stöße von Akten, korrigierte, gab Empfehlungen, machte Vorschläge, rügte. Ein neuer Regierungsstil kündigte sich an, der den Akt zum unentbehrlichen Staatsinventar und den kaiserlichen Schreibtisch zum wichtigsten Möbelstück in der Hofburg machte. Aber noch war es nicht soweit.

Die junge, vergnügungssüchtige Gattin sah es mit Mißvergnügen, daß sich Franz mehr den Staatsgeschäften widmete als ihr. Sie veranstaltete kleine Feste und arrangierte Vergnügungen aller Art, um ihren oft mißmutigen Gemahl ein wenig aufzuheitern und auf andere Gedanken zu bringen. Und es gelang ihr auch. Franz war dafür zu haben, er fügte sich ihren Wünschen.

Im Spätfrühling des Jahres 1791 machte Marie Therese ihrem Gatten die freudige Mitteilung, daß sie ein Kind erwarte. Die Niederkunft sollte nach dem Befund des kaiserlichen Leibarztes Mitte Dezember bevorstehen. Der Erzherzog traf sofort und termingerecht alle diesbezüglichen notwendigen Verfügungen und Anordnungen. Geburten unterlagen im Kaiserhaus wie Hochzeiten und Todesfälle dem höfischen Zeremoniell.

Für den geregelten Ablauf dieser Ereignisse war das Hofmeisteramt zuständig. Normalerweise wurde im Falle einer Geburt das Schlafzimmer der schwangeren Dame als Gebärzimmer eingerichtet. Man stellte vor dem Bett der hochlöblichen Wöchnerin einen Wandschirm auf, der sie vor den allzu neugierigen Blicken der bei dem großen Ereignis anwesenden Familienangehörigen und sonstigen Anwesenden schützen sollte, und errichtete im Raum einen Altar, der mit Reliquien aus der geistlichen Schatzkammer geschmückt wurde. Auf einem Betschemel davor verrichtete der Hofkaplan seine Gebete für eine glückliche Geburt.

Der eigentliche Geburtsakt wurde von einer Hebamme durchgeführt. Der kaiserliche Hofarzt oder ein anderer medizinischer Fachmann griff nur bei eventuell auftretenden Komplikationen in den Geburtsvorgang ein.

Geburten nahmen auch im Kaiserhaus oft eine lange Zeit in Anspruch. Eine durchschnittliche Geburt dauerte sechzehn bis zwanzig Stunden und war für die Wöchnerin nicht nur mit großen Schmerzen, sondern auch mit vielen Risiken verbunden. Bei »normalen« Entbindungen warteten die Geburtshelfer im allgemeinen den natürlichen Geburtsverlauf ab, ohne einzugreifen. Bei langsamen »schweren« Geburten wurden Eingriffe vorgenommen, die nicht selten den Tod der Gebärenden zur Folge hatten. Das Kaiserhaus blieb davon nicht verschont. Die beiden ersten Gemahlinnen Franz' II. starben im Kindbett. Die glückliche Geburt eines Kindes bei Hof wurde den Untertanen durch das Läuten der Kirchenglocken und Kanonenschüsse angekündigt. Es gab Gottesdienste, Fackelzüge und Aufmärsche. Der Mutter wurde von den Ärzten eine Bettruhe von ein bis zwei Wochen verordnet, von deren Notwendigkeit die medizinische Wissenschaft überzeugt war. Nicht einmal beim Bettenmachen sollte die Wöchnerin die Liegestatt verlassen.

Im Kaiserhaus kam der Säugling bald nach der Geburt in die sogenannte »Kindskammer«. Er wurde dort unter der Leitung eines »Ajos«, eines männlichen Erziehers, oder einer »Aja«, von einer Kinderfrau, denen für die »niedrigere« Arbeit Gesinde beigegeben war (ein Kammerweib, eine Leibwäscherin etc.), seelisch und körperlich betreut.

Die wichtigste Bezugsperson im Leben eines Kindes war in den ersten Wochen und Monaten am Kaiserhof die Amme. Das Kind wurde nicht von der Mutter gestillt, da das Stillen als unschicklich empfunden wurde. Eine enge Mutter-Kind-Bindung war eher selten. Viele Erzherzoginnen und Erzherzöge haben zu ihren Ersatzmüttern und -vätern zeitlebens eine tiefere Beziehung unterhalten als zu den eigenen Eltern.

In der Zeit Maria Theresias hatte sich das Familienleben im Kaiserhaus zu verändern begonnen. Die Regentin und ihr Gemahl, Franz

Stephan von Lothringen, führten eine eher »großbürgerliche« Ehe. Ein neuer Familiensinn machte sich breit. Dieses bürgerliche Familienbild fand im Zeitalter des Kaisers Franz seine Fortsetzung. Unter Franz I. zog biedermeierliche Häuslichkeit in die Wiener Hofburg ein. Marie Therese war ihren Töchtern und Söhnen in strenger mütterlicher Liebe und Fürsorge zugetan.
Das erste Kind des Erzherzogpaares wurde am 12. Dezember 1791 geboren. Es war ein Mädchen, das bereits am nächsten Tag im Beisein des Kaisers und seiner Gemahlin Maria Ludovica mit Jordanwasser getauft wurde. Das Kind erhielt den Namen der Großmutter, die sie über das Taufbecken hielt, und wurde später im Familienkreis schlicht Louise gerufen. Sie ist als Gattin Napoleons in die Weltgeschichte eingegangen.
Das kleine Mädchen war noch keine drei Monate alt, als ein Ereignis eintrat, das das Leben der erzherzoglichen Familie schlagartig veränderte. Am 1. März 1792 starb plötzlich und unerwartet Kaiser Leopold II. Es war eine linksseitige Lungenentzündung, der er erlag, und kein Giftmord, wie man lange Zeit vermutete. Ein paar Monate später folgte ihm seine Gattin in den Tod.
Der 24jährige Erzherzog, der dem klugen, bedächtigen Vater nachfolgte, übernahm ein schweres Erbe. Seit dem 14. Juli 1789, dem Tag, an dem eine wütende Menschenmenge in Paris die Bastille, das verhaßte Staatsgefängnis, erstürmt hatte, blies den Herrschern ein Revolutionssturm ins Gesicht. Franz bekam ihn sogleich zu spüren.
Schon wenige Wochen nach seinem Regierungsantritt hielt er die Kriegserklärung des revolutionären Frankreich in Händen. Es war der Beginn eines erbittert geführten, mehr als zwanzigjährigen Ringens zwischen den europäischen Großmächten und Frankreich, das dem Habsburgerreich schwere Wunden schlug und erst mit dem Sieg über Napoleon sein Ende fand.
Franz nahm im April 1792 in Wien die traditionelle feierliche Erbhuldigung entgegen. Am 5. Juli 1792 wurde Franz in Frankfurt zum römisch-deutschen Kaiser gewählt, am 14. Juli, dem Jahrestag des Bastillesturmes, gekrönt. Im Unterschied zur Kaiserkrönung des Vaters zwei Jahre zuvor verliefen die damit verbundenen Feierlichkeiten

wesentlich unspektakulärer. Franz verbot jeden unnötigen Aufwand und ließ die Summe, die dadurch eingespart wurde, an wohltätige Stiftungen überweisen. Etwa einen Monat vor seiner Krönung zum Kaiser hatte man ihm in Budapest, einen Monat danach in Prag die Königskrone auf das Haupt gesetzt.

Marie Therese, nunmehr die Gemahlin eines Kaisers, fühlte sich in ihrer neuen Position und Rolle sichtlich wohl. Am Wiener Kaiserhof war sie jetzt tonangebend, aber auch in Luberegg, in Laxenburg, Baden und an anderen Orten, an denen sich die kaiserliche Familie aufhielt, zogen Fröhlichkeit und Geselligkeit ein. Die Kaiserin nahm im Gegensatz zu ihrem introvertierten Gemahl das Leben von der heiteren Seite. Sie unterhielt sich gerne, sie feierte gerne Feste und wurde nicht müde, immer neue Lustbarkeiten und Zerstreuungen zu ersinnen. Sie veranstaltete in der Hofburg Hauskonzerte, bei denen sie die Baßgeige spielte, während Franz, »ihr geliebter Geiger«, die Violine strich. Sie führte in Gesellschaft des Kaisers mit ihrem Hofstaat Burlesken auf, inszenierte chinesische Schattenspiele und organisierte im Sommer im Laxenburger Schloßteich des öfteren einen »glückhaften Fischzug«, wobei es darum ging, den köstlichsten Juxgegenstand aus dem Wasser zu angeln. In Laxenburg, das Marie Therese besonders ans Herz gewachsen war, entstand an der Wende vom 18. zum 19. Jahrhundert in Nachahmung eines mittelalterlichen Ritterschlosses in einer ersten Bauphase die nach dem Kaiser benannte Franzensburg.
Aber auch im Winter war die vergnügungssüchtige Kaiserin um Belustigungen nicht verlegen. Sie tanzte sich munter durch den Fasching und schätzte insbesondere die Redouten, an denen sie in den mannigfaltigsten Verkleidungen teilnahm.
Der sorgenbeladene Kaiser, der die Aktenarbeit bei weitem höher schätzte als das lärmende Vergnügen, machte in den ersten Ehejahren bei vielen dieser Unterhaltungen zur Verwunderung etlicher seiner Minister und zahlreicher hoher Würdenträger des Hofes mit. Ein Herzensanliegen waren sie ihm gewiß nicht. Aber er wollte und konnte sich den privaten Wünschen und Neigungen seiner Gemahlin, die

ihn »durch ihre Reize gefesselt hielt« (so ein Zeitgenosse), nicht versagen.

Beim Volk und Teilen der Wiener adeligen Gesellschaft stieß die Vergnügungssucht des Hofes auf Unverständnis und Mißbilligung. Schließlich waren die Zeiten wirklich nicht danach. Die Kaiserin und den Kaiser kümmerte das wenig.

Am 19. April 1793 wurde dem Kaiserpaar als zweites Kind ein Sohn geboren, der den Namen Ferdinand erhielt. Franz schwelgte im Glück. Er zeigte die Geburt in persönlichen Handschreiben einigen seiner im Ausland lebenden Verwandten an und sprach darin von »einer glücklich geschehenen Entbindung«, was stimmte, und einem »gesunden Prinzen«, was leider falsch war. Der Knabe war von schwacher Konstitution und hatte einen viel zu großen Kopf. Das Kind konnte nur mit großer Hingabe des Pflegepersonals und ärztlicher Hilfe am Leben erhalten werden. Es entwickelte sich nicht altersgemäß, lernte sehr spät gehen und sprechen und gab in seinem ganzen Gehabe und Verhalten zu ernster Sorge Anlaß.

Ferdinand blieb entgegen den Gepflogenheiten am Wiener Hof bis zu seinem neunten Lebensjahr in weiblicher Obhut (normalerweise wurden die Erzherzöge nach Vollendung des sechsten Lebensjahres männlichen Erziehern anvertraut) und machte nur geringe geistige Fortschritte. Es war daher sehr fraglich, ob der Thronfolger zum gegebenen Zeitpunkt die Nachfolge des Vaters würde antreten können.

Die zweite Ehe des Kaisers war reich mit Kindern gesegnet. Marie Therese gebar insgesamt acht Töchter und vier Söhne, von denen einige frühzeitig, vor Vollendung ihres sechsten Lebensjahres, starben. Nur ein paar erlangten später Bekanntheit, etwa Franz Karl, der Vater Kaiser Franz Josephs, und Erzherzogin Leopoldine, die Kaiserin von Brasilien wurde.

Der Kaiser und seine Gemahlin stimmten in ihren Erziehungsgrundsätzen völlig überein. Sie ließen sich dabei von den Vorstellungen leiten, die von Maria Theresia und ihrem Sohn Leopold entwickelt worden waren. Die Kinder sollten unter keinen Umständen verwöhnt und verweichlicht werden. »Man muß die Kinder an jedes Wetter gewöhnen«, hatte es in den Erziehungsinstruktionen des

Großherzogs an den Grafen Franz Colloredo, den Ajo des Erzherzogs Franz, geheißen. Dieser nahm sie im wesentlichen zur Richtschnur seiner eigenen Erziehungsmaximen: »... auch sie kalt zu waschen im Sommer, ein wenig lau im Winter, Betten ohne Vorhänge, eine Decke im Winter, ein Tuch allein im Sommer, die Fenster immer offen, wenig eingeheizt.« Die Kinder sollten zur Humanität, zu Pflichtbewußtsein, zur Menschenfreundlichkeit, zur Liebe für die ihnen anvertrauten Völker erzogen werden und so viel Bildung wie nur möglich in sich aufnehmen. »Die Prinzen müssen immer vor Augen haben, daß es ihre erste Pflicht ist, ihre Völker glücklich zu machen«, lautete die diesbezügliche unmißverständliche Anweisung an das Erziehungspersonal.

Marie Therese ließ ihren Söhnen und Töchtern absolut nichts durchgehen. Sie rügte und schalt sie, wenn sie es für notwendig hielt, verhängte, was damals üblich war, über sie einen Hausarrest, sparte aber auch nicht mit Lob.

Um den körperlichen und geistig behinderten Ferdinand scheint sie sich jedoch nicht sonderlich gekümmert zu haben. Der Thronfolger dämmerte in der Hofburg dahin. Im April 1802 übernahm dann Franz Maria von Steffaneo-Carnea die Erziehung Ferdinands, der den Knaben mit viel Verständnis behandelte und ihn in seiner Entwicklung um ein gehöriges Stück weiterbrachte. Die Kaiserin hielt freilich wenig von ihm.

Das Familienleben des Kaiserpaares verlief in äußerster Harmonie. Die Kaiserin liebte ihren Gemahl aus ganzem Herzen. Jede Trennung von ihm schmerzte sie. Die wenigen Briefe an ihn, die erhalten geblieben sind, spiegeln die enge, zärtliche Bindung an ihren Ehegatten wider. »Alles, was ich habe«, heißt es da etwa, »gehört Dir, mein Leben, mein Herz, meine Seele.« Und ein andermal wagte sie sogar einen poetischen Vergleich. »Die Blumen und Kräuter verwelken«, schrieb sie ihrem Franz, »aber meine Liebe und Zärtlichkeit wird immer stärker und bis ins Grab verweilen.«

Die »zärtlichste und getreueste Frau und Freundin« des Kaisers, als die sie sich stets bezeichnete, sorgte auch für das leibliche Wohl ihres Gatten und verschmähte es nicht, als seine »Wärterin« selbst um seine »Garderobe« besorgt zu sein. Franz seinerseits erfüllte ihr sogar Modewünsche. Als er 1805 in Prag weilte, kaufte er ihr auf ihre Bitte hin ein Kleid und einen dazu passenden Hut, wofür sie sich tausendmal bedankte. »Es gefällt mir ungemein«, teilte sie ihm umgehend mit, »es steht recht gut; weil es von Dir kommt, freut es mich doppelt, ich werde damit paradieren am Sonntag.«

Die Kaiserin wollte sich mit ihrer neuen Toilette zeigen. Das klingt ganz unkonventionell, ganz unmajestätisch. Und in der Tat ging es in der kaiserlichen Familie recht bürgerlich zu. Das strenge Zeremoniell des Wiener Hofes kam nur bei offiziellen Anlässen zur Anwendung. Privat liebten der Kaiser und seine Gemahlin die Gemütlichkeit. Franz entspannte sich mit seinen Hobbys, seiner Bücher- und Porträtsammlung, der Gartenpflege und der Tischlerarbeit, Marie Therese stickte, nähte und musizierte. Sie hatte eine hübsche Singstimme, die sie bei Liebhaberaufführungen gern zu Gehör brachte. Joseph Haydn widmete ihr eine Messe, Ludwig van Beethoven schrieb für sie ein Sextett. Marie Therese nahm zuweilen auch die Kinder an der Hand, unternahm mit ihnen einen Spaziergang und mischte sich unbefangen unter das Volk. Verschwendungssüchtig, wie ihr das von mancher Seite vorgeworfen wurde, war sie nicht. Sie legte ganz im Gegenteil auf persönlichen Luxus wenig Wert und hatte für die Nöte der Armen und Bedürftigen stets ein offenes Ohr und eine offene Hand.

Im häuslichen Umgang miteinander benahmen sich Eltern und Kinder ganz natürlich. Man sprach ein stark mundartlich gefärbtes Wienerisch. Diesen Umgangston schlug der Kaiser selbst im Verkehr mit seinen Ministern an. Bei den Audienzen, die er wöchentlich in der Hofburg und an anderen Aufenthaltsorten gab, war es ohnedies eine Selbstverständlichkeit.

Seine Leutseligkeit und die bürgerliche Einfachheit seines Auftretens machten Franz volkstümlich und beliebt. Im Jahre 1797 erklang zum erstenmal die vom Kustos der Wiener Universitätsbibliothek Lorenz Haschka getextete und von Joseph Haydn vertonte Volkshymne »Gott erhalte Franz, den Kaiser«, die später zur »Kaiserhymne« und zur offiziellen Hymne Österreichs erhoben wurde. Sie hat viel zur

Popularität des Kaisers, zum Bild vom »Hausvater«, vom »guten Kaiser Franz« beigetragen.
Die Persönlichkeit dieses Herrschers läßt sich freilich nicht auf eine solche einfache Formel bringen.
Franz II. (I.) war im Grunde seines Wesens ein gütiger, freundlicher Patriarch. Er konnte aber auch unerbittlich streng, zäh und konsequent in der Verfolgung seiner Ziele sein. Seine Minister entließ der Kaiser ohne sichtbare Gemütsregung, Schicksalsschläge brachten ihn, rein äußerlich, nicht aus dem seelischen Gleichgewicht. Entschlüsse fielen ihm schwer. Er nahm vieles als unabwendbar hin, aber er hatte doch auch in vielen Dingen eine eigene Meinung. Er dachte und handelte in bestimmten Situationen durchaus eigenständig.

Der Krieg gegen das revolutionäre Frankreich, der ihm 1792 gleich nach seiner Regierungsübernahme aufgezwungen worden war, bestimmte in den nächsten beiden Jahrzehnten das Denken und Handeln des Kaisers.
Franz war alles andere als ein Militarist. Er besaß weder große organisatorische noch militärisch-strategische Fähigkeiten. Gleichwohl nahm er an der Planung der Feldzüge Anteil und setzte sich persönlich den Gefahren der Kriegsführung aus. An Mut fehlte es ihm nicht.
Die Kaiserin zeigte für die politischen und militärischen Ereignisse, die sich in ihrer Zeit abspielten, großes Interesse. Sie gab zwar vor, sich nicht in die Politik einzumischen, aber hinter den Kulissen hielt sie mit ihrer Meinung nicht hinter dem Berg, gab sie dem oft zögernden Gemahl Ratschläge und beeinflußte seine Entscheidungen. Sie scheint auch bei der Auswechslung von Ministern und Ratgebern ihre Hand im Spiel gehabt zu haben. Die Entlassung des Kabinettsrates Johann Baptist Freiherr von Schloißnigg und des Grafen Franz Colloredo, des Leiters der kaiserlichen Kanzlei etwa, die man bei Hof wegen ihres großen Einflusses als die »beiden Kaiser« titulierte, dürfte auf ihr Betreiben erfolgt sein.
Marie Therese war eine entscheidende Gegnerin Napoleons. Sie ermunterte ihren kaiserlichen Gemahl zum Kampf gegen das Militärgenie aus Korsika und entfaltete, als es um den Bestand der Donau-

monarchie ging, Eigenschaften, die man dieser leichtlebigen Frau nie zugetraut hätte. So stand sie im Jahre 1800 voll hinter dem Entschluß des Kaisers, sich zur Armee nach Bayern zu begeben, und schrieb ihm in einem geradezu martialischen Ton: »Ich wollte gerne mit Dir raufen gehen, könnte ich mit meinem Blut Dich glücklich machen« und sprach die Hoffnung aus, daß die »abscheulichen Franzosen« einen »rechten Schlag« bekommen. Das war und blieb freilich ein eitler Wunsch. Auch in diesem sogenannten zweiten Koalitionskrieg mußte die kaiserliche Armee Niederlage um Niederlage in Kauf nehmen.

In ihrer unversöhnlichen Gegnerschaft gegen den Korsen wurde die Kaiserin durch die Mutter in Neapel bestärkt, mit der sie einen regen Briefwechsel unterhielt. Maria Karolina haßte Napoleon aus vollem Herzen. Als sie von den Franzosen aus ihrem Königreich vertrieben wurde, kam sie im August 1800 über Einladung der Tochter nach Wien. Sie wurde mit ihrem Gefolge vom Kaiserpaar in Schottwien empfangen. Das Wiedersehen zwischen Mutter und Tochter war freudig bewegt.

Maria Karolina, die mit einigen ihrer unverheirateten Kinder angereist war, die sie unter die Haube zu bringen hoffte, nahm im Schloß Schönbrunn Aufenthalt.

Das gute Einvernehmen zwischen der tratschsüchtigen, taktlosen Königin von Neapel, die ohne Hemmungen sagte, was sie sich dachte, und dem Kaiserpaar wich bald einer sichtbaren Verstimmung. Maria Karolina versuchte hartnäckig, ihrer Tochter Staatsgeheimnisse zu entlocken und über sie Einfluß auf die Entscheidungen des Kaisers zu gewinnen. Die Kaiserin war darüber sehr verärgert. »Ich habe ihr klar gesagt«, schrieb sie an den Gemahl, »daß ich nie von Geschäften rede, weil mich das nichts angeht und ich keine Freude daran finde.« Das war natürlich eine glatte Ausrede, aber Marie Therese wollte in dieser Hinsicht einfach in Ruhe gelassen werden. Auch dem Kaiser ging die Neugierde der Schwiegermutter auf die Nerven. Schließlich gab die Kaiserin ihrer dominanten Mama diskret zu verstehen, daß es für alle Beteiligten besser wäre, wenn sie wieder in ihr angestammtes Königreich zurückkehren würde. Maria Karoline verstand den Wink. Sie packte die Koffer und reiste nach zweijährigem Aufenthalt in der

Kaiserstadt zurück nach Neapel. Das Aufatmen am Kaiserhof war unüberhörbar.
Das Habsburgerreich geriet unterdessen in eine politische Zwickmühle. 1802 ließ sich Napoleon Bonaparte zum Konsul auf Lebenszeit ernennen, am 2. Dezember 1804 krönte er sich in der Pariser Nôtre-Dame-Kirche im Beisein des Papstes zum Kaiser der Franzosen. Die Ratgeber Kaiser Franz' II. hatten ihrem Herrscher schon zuvor empfohlen, die Länder der Monarchie zum Erbkaisertum Österreich zu erheben und den Titel »Kaiser von Österreich« anzunehmen.
Die Proklamation des neuen Kaisertums fand am 11. August 1804 statt. Kaiser Franz und sein Hofstaat feierten das historische Ereignis mit einem Tedeum im Wiener Stephansdom. Auf eine Krönung verzichtete er. Als Wappen wurde für das neue Staatswesen der doppelköpfige schwarze Adler auf goldenem Grund gewählt.
Zwischen 1804 und 1806 trug Franz zwei Kaiserkronen: die römischdeutsche und die österreichische. Als römisch-deutscher Kaiser war er Franz II., als erster österreichischer Kaiser Franz I. Seine Gemahlin Marie Therese war somit die erste österreichische Kaiserin.
Im Jahre 1805 setzte das mit Großbritannien und Rußland verbündete Habsburgerreich den Kampf gegen Napoleon fort. Alle Hoffnungen, diesmal das Kriegsglück zu zwingen, erwiesen sich schon nach kürzester Zeit als trügerisch. Die Franzosen besiegten die kaiserliche Armee in mehreren Gefechten rund um Ulm, die Stadt selbst mußte kapitulieren. Damit war der Feldzug entschieden, der Donauweg nach Wien frei.
Noch ehe die französischen Truppen in die Kaiserstadt einzogen, hatte der Hof eiligst die Residenz verlassen. Marie Therese verfrachtete den Großteil der Familie nach Ofen, sie selbst begab sich in Begleitung ihrer Tochter Leopoldine nach Mähren, wo der Kaiser sein Hauptquartier aufgeschlagen hatte. Sie war bedrückt und niedergeschlagen. »Gesund bin ich von Körper«, schrieb sie von Olmütz aus dem Gemahl, »aber nicht von der Seele.«
Auf dem Kriegsschauplatz fiel am 2. Dezember 1805 bei Austerlitz die Entscheidung. Napoleon brachte dort am Jahrestag seiner Kaiser-

krönung der vereinigten russisch-österreichischen Armee durch seine überlegene Feldherrnkunst eine vernichtende Niederlage bei.
Die Kaiserin lag krank und frostgeschüttelt zu Bett, als ihr die Hiobsbotschaft vom Ergebnis der »Dreikaiserschlacht« mitgeteilt wurde. »Wie mein Herz ist, das kann Dir Gott allein sagen«, jammerte sie. Trotz ihres schlechten Gesundheitszustandes brachte sie in der schier trostlosen Situation die Seelengröße auf, dem Kaiser Trost zuzusprechen. »Verliere nicht den Muth«, rief sie ihm zu, »es kann sich noch alles richten. Gott verläßt uns nicht.«
Es war natürlich nicht mehr als der berühmte Strohhalm, an den sie sich da klammerte, und sie wird es wohl auch gewußt haben. Die Donaumonarchie war besiegt, der Willkür und Selbstherrlichkeit des Siegers ausgeliefert.
Dem Kaiser blieb nichts anderes übrig, als Napoleon um einen Waffenstillstand und eine persönliche Zusammenkunft zu ersuchen. Marie Therese wies er an, aus dem gefährdeten Olmütz nach Teschen zu übersiedeln. Die schwerkranke Kaiserin begab sich nicht dorthin, sondern auf holprigen Wegen in das ruhigere Städtchen Friedek-Mistek, wo sie, halb zu Tode gerädert, im Schloß des Herzogs von Sachsen-Teschen Quartier nahm. Dort wurde sie, um das Leidesmaß voll zu machen, von den »Flecken« befallen, wie man damals die Masern nannte.
Das Treffen zwischen den beiden Kaisern fand zwei Tage nach Austerlitz statt. Franz, der in einer Kutsche angefahren kam, wurde von Napoleon auf freiem Feld willkommen geheißen. Der Kaiser der Franzosen benahm sich, entgegen seinen sonstigen Gepflogenheiten, dem Habsburger gegenüber sehr höflich. Der österreichische Kaiser registrierte es mit Wohlgefallen. An seine Gemahlin, die wissen wollte, ob er »mit Bonaparte zufrieden gewesen sei«, schrieb er in seiner trockenen Art: »Mit Bonaparte selbst bin ich ganz zufrieden gewesen, insoweit man es mit einem Sieger sein kann, der einen großen Theil meiner Monarchie im Besitz hat; an Achtung gegen mich und den Meinigen hat er es nicht fehlen lassen und man sieht, daß er kein Franzose ist.« Anderen Gesprächspartnern gegenüber soll er sich über den Korsen weniger schmeichelhaft geäußert haben.

Auf die Friedensbedingungen hatte die eineinhalbstündige Unterredung zwischen den beiden Herrschern keinen Einfluß. Österreich verlor im Frieden von Preßburg Tirol, Vorarlberg, Vorderösterreich und Venetien und mußte 40 Millionen Gulden Kriegskosten zahlen. Als kleinen Ersatz für diese empfindlichen Gebietsverluste wurde das Erzbistum Salzburg mit Berchtesgaden österreichisch.
Franz I. trennte sich nun auch von den meisten seiner langjährigen Berater. Staatsvizekanzler Ludwig Graf Cobenzl und Graf Franz Colloredo, der alte Erzieher und Vertraute des Kaisers, mußten abtreten. Zum neuen Außenminister wurde Johann Philipp Graf Stadion, einer der fähigsten Staatsmänner in der neueren Geschichte Österreichs, ernannt.
Die Kaiserin reiste nach ihrer Genesung nach Holitsch (in der heutigen Slowakei), wohin sich ihr von der Niederlage seelisch schwer gezeichneter Gemahl mit seinem Hofstaat zurückgezogen hatte. »Ich bin doppelt gerne bei Dir«, schrieb sie jubelnd vor ihrer Abreise, »um so viel als möglich ist, Dein Schicksal zu erleichtern, Dir beizustehen, Dir Unterhaltung zu machen, Dir alles, was in meinen Kräften ist, mit zärtlichstem Herzen zu thun.«
Mitte Januar 1806 kehrte das Kaiserpaar nach Abzug der Franzosen nach Wien zurück, wo es trotz der ernsten politischen Situation jubelnd empfangen wurde. Auch die Kinder fanden sich wieder in der Hofburg ein.
Bei der Neuordnung des Staates und der Neubesetzung wichtiger Ämter mischte Marie Therese kräftig mit, was in Hofkreisen übel vermerkt wurde, da es den Männern, die sie protegierte, nicht nur an Sachkompetenz, sondern auch an dem jetzt dringend nötigen Reformeifer fehlte. Der Kaiser mußte seine Gemahlin wohl oder übel in die Schranken weisen, konnte sich aber ihren Einflüsterungen nicht vollends entziehen.

Das Jahr 1806 brachte neben den Veränderungen im habsburgischen Staatsapparat eine Reihe wichtiger Entscheidungen auf dem internationalen politischen Parkett. Am 1. August erklärten sechzehn deutsche Fürsten, die sich zum »Rheinbund« zusammengeschlossen und

dem Protektorat Napoleons unterstellt hatten, ihren Austritt aus dem Staatsverband des römisch-deutschen Reiches. Das napoleonische Frankreich erklärte daraufhin offiziell, daß es nicht mehr bereit sei, die Existenz des Reiches anzuerkennen und forderte den Kaiser ultimativ zum Thronverzicht auf. Franz gab dem französischen Druck nach und verzichtete am 6. August auf die römisch-deutsche Kaiserwürde. Das diesbezügliche kaiserliche Patent wurde in Wien vom Balkon der Kirche Am Hof kundgemacht. Es war ein Ereignis von epochaler Bedeutung. Das ehrwürdige, jahrhundertealte »Heilige Römische Reich Deutscher Nation« hatte zu bestehen aufgehört. Das Habsburgerreich ging, von Deutschland getrennt, seinen eigenen politischen Weg.
Im Oktober 1806 besiegte Napoleon in der Doppelschlacht bei Jena und Auerstädt die preußische Armee und zog bald darauf durch das Brandenburger Tor in Berlin ein. Franz I. verhielt sich bei diesem Waffengang strikt neutral, wofür sich auch die Kaiserin ausgesprochen hatte. Der Sieg Napoleons flößte Marie Therese freilich Angst ein. Der Kaiser der Franzosen war für sie der Antichrist. Die Kaiserin war zu dem Zeitpunkt, zu dem sich diese militärischen Ereignisse und politischen Veränderungen im nördlichen Nachbarland abspielten, trotz ihres angeschlagenen Gesundheitszustandes wieder einmal schwanger. Die Niederkunft, die für den Mai des folgenden Jahres prognostiziert war, sollte in Schloß Hetzendorf vor sich gehen. So war es geplant. Das Schicksal wollte es anders. Marie Therese erkrankte im Winter des Jahres 1807 an einer tuberkulösen Rippenfellentzündung, die der kaiserliche Leibarzt, Dr. Josef Andreas von Stifft, mit Aderlässen behandelte. Er löste damit keine Besserung des Gesundheitszustandes der Schwangeren aus, sondern eine Frühgeburt. Am 6. April 1807 wurde die Kaiserin von einer Tochter entbunden. Ein paar Tage darauf starb das Kind.
Sofort nach der Geburt wurde der Kaiser, der sich in Ungarn aufhielt, gebeten, nach Wien zurückzukehren. Er traf seine Gemahlin in einem Zustand an, der zu äußerster Besorgnis Anlaß gab. Franz I., so wird berichtet, wich nicht mehr vom Bett seiner Frau. Das Leben der Kaiserin war nicht mehr zu retten. Am Nachmittag des 12. April wurde

sie mit den Sterbesakramenten versehen, am Abend nahm sie von ihren Kindern Abschied. In den Morgenstunden des folgenden Tages starb sie. Sie war nicht mehr als fünfunddreißig Jahre alt geworden.
Der Kaiser war über das Hinscheiden seiner Gemahlin so erschüttert, daß er dem Begräbnis fernblieb und sich mit seinen beiden ältesten Kindern nach Ofen begab. Nur zwei Wochen später folgte Marie Therese ihr achtjähriger Sohn, Erzherzog Josef Franz, in den Tod.
Der Kaiser hatte im Alter von neununddreißig Jahren seine zweite Frau verloren. Der Tod seiner geliebten Gemahlin traf ihn tief. »Sie können sich meinen Zustand nach einer so glücklichen Ehe vorstellen, wie es die mit meiner Frau und meinen Kindern war, von denen ein guter Teil noch einer Mutter bedarf«, schrieb er an seine Schwiegermutter, die nach ihrer Vertreibung aus Neapel durch die Franzosen in Palermo residierte.
Einer Mutter bedurften im Grunde noch alle seine Kinder. Louise, die älteste Tochter, war erst sechzehn, Ferdinand, der Thronfolger, vierzehn, das jüngste Kind von den fünf Mädchen und den drei Knaben, die noch am Leben waren, Erzherzog Johann Nepomuk, war noch keine zwei Jahre alt. Dem Kaiser, der so viel auf Häuslichkeit hielt, blieb eigentlich gar nichts anderes übrig, als wieder zu heiraten.

Kaiserin Maria Ludovica

Von Napoleon gehasst, von Goethe geschätzt

3. Gemahlin Kaiser Franz' I.
Geboren am 14. Dezember 1787 in Monza
Heirat am 6. Januar 1808 in Wien
Gestorben am 7. April 1816 in Verona

Kaum sieben Monate nach dem Tod seiner zweiten Gemahlin stand der österreichische Kaiser wieder vor dem Traualtar. So manche Historiker haben ihm das zum Vorwurf gemacht. Er hätte wenigstens das damals übliche Trauerjahr abwarten müssen, meinen sie, und verbinden damit die selten unverhohlene, zumeist unterschwellige Feststellung, Franz I. habe nicht ohne Frau leben können. Die Witwerschaft, das ist nicht von der Hand zu weisen, vertrug er schwer. Aber es war doch wohl eher die Sorge um seine unversorgten, minderjährigen Kinder, die in diesem Fall sein privates und familiäres Handeln bestimmte.

Seine ersten beiden Ehen waren dem Kaiser mehr oder minder aufgezwungen worden. Elisabeth von Württemberg hatte Josef II., der kaiserliche Onkel, für ihn auserkoren, Marie Therese sein Vater Leopold für ihn erwählt. Nun, da er selbst Kaiser war, brauchte er sich nichts mehr vorschreiben zu lassen, konnte er seine Wahl ganz persönlich treffen, ohne sich lange mit dynastischen Überlegungen und Kombinationen aufzuhalten.

Am Wiener Kaiserhof mag man nicht wenig überrascht gewesen sein, als publik wurde, auf welche Dame der Souverän sein Auge geworfen hatte.

Es war, von der Abstammung her gesehen, wieder eine Cousine. Maria Ludovica von Habsburg-Este, die Auserwählte, war fast um zwanzig Jahre jünger als er, anmutig und attraktiv. Sie war die jüngste Tochter des Generalgouverneurs der österreichischen Lombardei, Erzherzog Ferdinand Karl Anton, und seiner Gemahlin Maria Beatrix von Este.

Ferdinand, der zweitjüngste Sohn der großen Maria Theresia, war 1771 siebzehnjährig von der Mutter mit der um vier Jahre jüngeren Erbin des Herzogtums Modena aus dynastischen Gründen verheiratet worden. Es wurde eine glückliche, harmonische Ehe.

Maria Theresia liebte ihren Ferdinand von ganzem Herzen, aber sie scheute sich nicht, ihn, wie alle ihre Kinder, bei jeder Gelegenheit gehörig zurechtzuweisen. Faul schalt sie ihn bei Antritt seiner Statthalterschaft, träge, süffisant, übellaunig, eigenverliebt. Man darf das nicht ganz so wörtlich nehmen. Die Kaiserin überzog gerne bei ihren gutgemeinten Ermahnungen und Ratschlägen. Er möge sich nicht mit Nichtigkeiten abgeben, gute Bücher lesen und es aufgeben, sich um Theaterleute zu kümmern, schrieb sie ihm später einmal. Zu diesen Theaterleuten zählte sie offenbar auch Wolfgang Amadeus Mozart. Denn als Ferdinand sie um die Erlaubnis bat, den jungen »Salzburger«, der die Musik zu seiner Hochzeit geschrieben hatte, in seine Dienste nehmen zu dürfen, antwortete sie ihm unbekümmert: »Ich weiß nicht, warum. Du brauchst keinen Komponisten oder sonst unnütze Leute.« Und fügte hinzu: »Belaste Dich nicht mit überflüssigen Leuten und gib ihnen weder Titel noch Ämter, denen sie doch nur Unehre machen, wenn sie als Bettler durch die Welt ziehen. Übrigens hat er eine zahlreiche Familie.« Maria Theresia war auf Künstler nicht eben gut zu sprechen.

Maria Beatrix blieb von den Tiraden der Herrscherin weitgehend verschont. Sie erfreute sich der ungeteilten Zuneigung der Schwiegermutter. »Beatrix liebt und liest stets gute Bücher. Nimm sie Dir zum Vorbild«, ermahnte sie ihren Sohn, für den sie eine große militärische Karriere geplant hatte. Aber es wurde nichts daraus, Ferdinand hatte ganz einfach nicht das Zeug dazu.

Er und seine liebenswürdige, intelligente, wohltätige Frau waren in Mailand durchaus beliebt. Sie führten ein ungezwungenes Hofleben und hielten Kontakt zum Volk.

Ihre neun Kinder erzog das Herzogspaar ganz nach den pädagogischen Vorstellungen der Kaiserin in Wien. Pflichterfüllung, Frömmigkeit, Disziplin und Rücksichtnahme allen Menschen gegenüber, gleichgültig welcher gesellschaftlichen Schicht sie angehörten, waren die erstrebenswertesten Tugenden.

Maria Ludovica wurde von der Mutter gemeinsam mit der Aja erzogen, die seinerzeit noch Maria Theresia nach Mailand geschickt hatte. Sie wuchs in Mailand und im Sommerschloß Monza, das sich der Vater nach dem Vorbild von Schönbrunn hatte erbauen lassen, zweisprachig auf, doch lag ihr das Italienische näher als das Deutsche, da ihre Lehrer und auch die Mutter mit ihr italienisch sprachen. Maria Beatrix konnte sich mit ihrem späteren Gemahl auf deutsch nur gebrochen unterhalten.

Das Leben der kleinen Prinzessin verlief in ihrer frühen Kindheit friedlich. Das sollte sich freilich bald ändern. Das Zeitalter der Französischen Revolution und Napoleons war angebrochen. Europa stand vor riesigen Umwälzungen. Auch die Lombardei blieb davon nicht verschont. Erzherzog Ferdinand wurde von seinem kaiserlichen Neffen zum Oberbefehlshaber der österreichischen Armee in Oberitalien ernannt. Er fühlte sich diesem Job aber nicht gewachsen und wurde zudem von Wien militärisch und finanziell ziemlich in Stich gelassen. Vergeblich versuchte ihm seine Gemahlin Mut und Zuversicht einzuflößen. Sie nannte ihn ihren »theuren General, der nicht Hasdrubal, sondern Fabius Cunctator, der aber gelegentlich auch Hannibal zu sein wisse«. Ferdinand-Hannibal stand gegen die Franzosen auf verlorenem Posten.

Im Vergleich zu Napoleon Bonaparte, dem neuen Stern am Himmel der Kriegskunst, war er ein winziges, unscheinbares Licht. Napoleon zog am 16. Mai 1796 an der Spitze seiner Armee in Mailand ein. Ferdinand war es gerade noch gelungen, seine Familie mit knapper Not und heiler Haut in Sicherheit zu bringen.

Für Maria Beatrix und ihre Kinder war diese überstürzte Flucht ein Trauma, das sie ein ganzes Leben lang nicht überwinden konnten. Sie hatten den Großteils ihres Hab und Gutes verloren. Von nun an war ihr ganzes Denken und Fühlen nur noch auf ein Ziel gerichtet: den Kampf gegen das revolutionäre Frankreich und den Mann, der ihnen ihre Heimat genommen hatte. Der Franzosenhaß war ihnen ins Herz eingebrannt. Auch die Seele der neunjährigen Maria Ludovica, die durch das Weltgeschehen so grausam aus ihrer friedlichen Kinderwelt gerissen worden war, war davon erfüllt.

Die erste Station auf dem Weg in das endgültige Exil war Triest. Die erzherzogliche Familie wurde dort freundlich aufgenommen. Sie fühlte sich dort jedoch nicht wohl und verweilte auch nicht lange in der Hafenstadt, denn schon bald wurde auch Triest von den Franzosen bedroht. Im Frühjahr 1797 mußte sich die Stadt Napoleon ergeben.

Die hochwohlgeborenen Flüchtlinge setzten sich weiter nach Norden ab und ließen sich in Brünn, der Hauptstadt Mährens, nieder. Dann wies ihnen der Kaiser ein Dauerquartier zu. Maria Beatrix nahm mit den jüngeren Kindern Aufenthalt im Neukloster in Wiener Neustadt, während Ferdinand und die älteren Söhne im Belvedere untergebracht und vom Souverän mit den verschiedensten Aufgaben und Missionen betraut wurden.

Maria Ludovicas Ausbildung wurde in Wiener Neustadt unter der Aufsicht der fürsorglichen Mutter mit anderen Lehrern fortgesetzt. Maria Beatrix erteilte der Tochter des öfteren selbst Unterricht, wohnte den Lektionen bei und ermahnte sie, wenn es nötig war, zu größerem Fleiß und zu einer richtigen Körperhaltung. Gut, sanft und geduldig sollte ihr jüngstes Kind werden und mit einem tiefen Gottvertrauen ausgestattet. Die Nähe Gottes zu suchen, der heiligen Messe mit Sammlung und Andacht beizuwohnen, das sind die ständig wiederkehrenden pädagogischen Appelle, die die Mutter auch schriftlich niederlegte, wenn die Tochter von ihr getrennt war. Maria Ludovica wurde jetzt auch intensiver in der deutschen Sprache unterrichtet. Schriftlich drückte sie sich gewandt, aber nicht fehlerlos aus.

1803 übersiedelte die Mutter nach Wien. Sie hatte im Stadtzentrum ein Haus gekauft, wo die Familie nun lebte. Erzherzog Ferdinand konnte sich des neuen Domizils nicht sehr lange erfreuen. Er starb am Weihnachtstag des Jahres 1806 im Alter von 52 Jahren an der Bauchwassersucht.

Nach seinem Tod intensivierte sich die Beziehung der verwitweten Erzherzogin zum Kaiserhof. Noch während ihres Aufenthaltes in Wiener Neustadt war sie des öfteren mit den Kindern nach Laxenburg zu Besuch gekommen, wo sich Maria Ludovica mit der um vier Jahre jüngeren Marie Louise, der ältesten Kaisertochter, angefreundet hatte. Diese Freundschaft sollte bald zum festen verwandtschaftlichen Band zwischen den beiden Frauen werden.

Ehen von und zwischen Mitgliedern regierender Fürstenhäuser wurden im 18. und auch noch im vorigen Jahrhundert von den Eltern über die Köpfe der Beteiligten hinweg arrangiert. Die Partner kannten einander nicht, niemand fragte, ob sie zusammenpaßten. Sie waren Objekte dynastischer Heiratspolitik.

Im Falle der dritten Ehe des österreichischen Kaisers war es anders. Franz I. hatte Maria Ludovica zweifellos schon gekannt, als sie noch ein Mädchen war. Er wußte, wie sie aussah, er war mit ihrem Wesen vertraut. Wenn er nach dem Tod seiner zweiten Gemahlin und nach Ablauf der strengen Hoftrauer um die Hand seiner Cousine warb, so geschah es mit dem Wissen und der Erfahrung des reifen Mannes um sein persönliches Glück und um die Sorge für das seelische Wohl seiner minderjährigen Kinder. Einem zeitgenössischen Bericht zufolge soll sich der Kaiser mit Maria Ludovica schon im August 1807 verlobt und ihr aus diesem Anlaß ein Porträt von ihm und ein mit Diamanten und Perlen besetztes Armband zum Geschenk gemacht haben. Als Postillon d'amour der sich anbahnenden und vertiefenden Beziehung, ohne sich möglicherweise über diese Funktion völlig im klaren zu sein, fungierte Marie Louise. Sie überbrachte Maria Ludovica an deren 20. Geburtstag ein Glückwunschschreiben des Vaters, einen Blumenstrauß und als Zeichen seiner besonderen Aufmerksamkeit und Wertschätzung ein kostbares Spitzenkleid und einen Schal.

Maria Ludovica habe den Brief, so berichtete Marie Louise dem Vater später, mit »innigster Rührung« gelesen und sei bei dessen Lektüre »mehrmal vor Freuden feuerroth geworden«. »Um ein Viertel nach Fünf gingen wir wieder weg« (zur Gratulation hatten sich auch die Geschwister Marie Louises eingefunden), schrieb die Kaisertochter dem Papa, »nachdem die liebste Cousine mir sicher fünf- oder sechsmal aufgetragen hatte, Ihnen ihre Dankbarkeit auszudrücken.« Und abschließend stellte sie fest: »Die Cousine sieht recht gut aus und war wieder sehr schön.«

Maria Ludovica war eine überaus attraktive Erscheinung. Sie hatte ein feingeschnittenes Gesicht, zu dem nur die etwas zu derbe Nase nicht ganz paßte, einen hübschen Mund, lebendige, kluge Augen und eine überaus zarte Figur. Ihre ganze Persönlichkeit strahlte Anmut aus, Grazie und Liebenswürdigkeit. Sie war gebildet und besaß Urteilskraft. Der Kaiser hatte eine gute Wahl getroffen. Zumindest schien es so. Von ihrem Naturell her waren Franz und Maria Ludovica allerdings grundverschieden, und auch ihre Neigungen und Interessen waren nicht dieselben. 1811 wird Erzherzog Johann in seinem

Tagebuch vermerken: »Schade um die Frau, aber für meinen Herrn taugt sie nicht. Ganz entgegengesetzte Charaktere.«
Die bevorstehende Vermählung wurde von der »Wiener Zeitung« am 30. Dezember 1807 angezeigt. Drei Tage später fand die offizielle Werbung des Kaisers um die Hand der schönen Erzherzogin statt. Ein aus zahlreichen Hofbediensteten bestehender Festzug, der von Reitern flankiert wurde, setzte sich unter der Führung des Obersthofmeisters, des Fürsten Ferdinand von Trauttmansdorff, von der Hofburg zum Palais der Brautmutter in Bewegung und wurde dort von Maria Beatrix willkommen geheißen. Nun hielt der Fürst eine Rede, in der er die Beweggründe darlegte, die den Kaiser zu seinem Entschluß, Maria Ludovica zu ehelichen, bewogen hatten. Die Ansprache triefte von Gemeinplätzen und Höflichkeitsfloskeln. Die Braut ließ den Werbungsakt mit »bescheidener Anmut und Rührung« über sich ergehen und sprach dann ihr Jawort.
Am Dreikönigstag des Jahres 1808 fand die Trauung des Paares statt. Wie bei einer solchen Zeremonie üblich, nahmen neben der kaiserlichen Familie zahlreiche Festgäste aus allen Teilen der Monarchie daran teil. Kanonenschüsse wurden abgefeuert, die Kirchenglocken läuteten, das Volk jubelte, die Augustinerkirche erstrahlte im feierlichen Glanz. Die sakrale Handlung nahm diesmal nicht der Wiener Erzbischof, sondern der Bruder der Braut, Erzherzog Karl Ambros, vor. Obwohl noch nicht einmal 23 Jahre alt, war er mit päpstlicher Sondergenehmigung bereits Administrator des ungarischen Bistums Waitzen (heute: Vác) und wurde noch im gleichen Jahr zum Fürstprimas von Ungarn bestellt, eine Würde, die er nur kurz innehatte, da er bereits 1809 verstarb.
Die Braut, so berichtet ein Zeitgenosse, machte in aller Bescheidenheit einen würdigen Eindruck. Sie war mit Diamanten reich geschmückt, die jedoch aus dem Besitz der Familie stammten und somit die Staatskasse nicht belasteten. Kaiser Franz I. war ein europaweit bekannter Sparmeister, ein Mann, den Einfachheit und Bescheidenheit auszeichneten.
Am Abend des Hochzeitstages luden die Wiener Theater zum freien Besuch ein, die notleidende Bevölkerung wurde durch verschiedene

Wohltätigkeitsveranstaltungen in die Feststimmung mit einbezogen. Auch an den folgenden Tagen stand die Kaiserstadt im Banne des großen Ereignisses. Die ungarischen Stände entboten der jungen Kaiserin ihre Glückwünsche, im Theater an der Wien wohnte der gesamte Hof der Aufführung der Gluck-Oper »Armida« (Text von Philippe Quinault) bei, am 10. Januar fand in den Redoutensälen ein großer Maskenball statt, bei dem Maria Ludovica durch ihre natürliche Würde und ihre kluge Konversation zu gefallen und zu bestechen wußte. Die dritte Hochzeit des Kaisers fand sogar in der Literatur ihren Niederschlag. Der deutsche Dichter August Wilhelm Schlegel, der damals in Wien weilte, schrieb in der Zeitschrift »Prometheus«, die auch Johann Wolfgang Goethe zu ihren Mitarbeitern zählte, einen vielbeachteten Artikel über die Feierlichkeit, die französische Schriftstellerin und Gegnerin Napoleons, Madame de Staël, berichtete darüber im 7. Kapitel ihres Werkes »De L'Allemagne« (»Deutschland«), dessen erste Ausgabe der Kaiser der Franzosen einstampfen ließ.
Deutsche und italienische Schriftsteller verfaßten enthusiastische Huldigungsgedichte auf die Kaiserin, etliche in Wien akkreditierte Gesandte rühmten in den Berichten an ihre Regierungen die körperlichen und geistigen Vorzüge Maria Ludovicas. In den Eipeldauer-Briefen, einer Wiener Volkszeitschrift, in der die wichtigsten Ereignisse in der Kaiserstadt mit kritischer Drolligkeit geschildert und kommentiert wurden, hieß es: »Ja, Herr Vetter, das neue Eheband muss glücklich sein, denn Braut und Bräutigam haben sich nicht durch Porträt kennen gelernt, wie sonst unter gekrönten Häuptern der Brauch ist, sondern sie haben sich von Angesicht zu Angesicht gesehn … und da hat also wechselseitige Lieb' das Siegel auf die glückliche Mariasch druckt.«
Es war tatsächlich eine Liebesheirat. Die einzige, die Franz I. geschlossen hat. Und gerade sie funktionierte nicht so, wie es sich der liebesbedürftige Herrscher vorstellte.

In den Kriegen gegen das revolutionäre Frankreich hatte es sich gezeigt, daß das Habsburgerreich ein überalteter, unmoderner, schwerfälliger Länderkoloß war. Die Armee erwies sich als wenig schlagkräftig, die Wirtschaft als rückständig, der Staatsapparat war unbeweglich. Wenn man sich gegen den Expansionsdrang des machtlüsternen Kaisers der Franzosen auf die Dauer behaupten wollte, mußten einschneidende Reformen durchgeführt werden. Das sah letztendlich auch der Monarch ein, der dafür zögernd seine Zustimmung gab.

Motor der Erneuerung war der aus Mainz stammende Außenminister Graf Johann Philipp Stadion, der als Haupt der Wiener Kriegspartei entschlossen das Ziel verfolgte, die militärischen Niederlagen wettzumachen und an Napoleon Revanche zu üben.

Stadion hatte Mitstreiter. Erzherzog Johann, der jüngste Bruder des Kaisers, trat vehement für die Schaffung eines Volksheeres ein, Erzherzog Carl reformierte die Armee. Er stand allerdings einer neuerlichen kriegerischen Auseinandersetzung mit dem Korsen mit großer Reserve gegenüber.

Die drei kaiserlichen Brüder waren in manchen Fragen gegensätzlicher Meinung, es gab Unstimmigkeiten, Zwist und Konflikte, die dem Staatsganzen gewiß nicht dienlich waren.

Publizistisch wurde Graf Stadion von zahlreichen Dichtern, Schriftstellern und Meinungsmachern unterstützt, die mit Gedichten, Liedern, Flugschriften und Aufrufen eine patriotische Aufbruchsstimmung schufen und im Volk antifranzösische Ressentiments entfachten. Die beiden bedeutendsten Publizisten, die diesen Habsburgpatriotismus entflammten, waren interessanterweise Preußen: Friedrich von Gentz und Adam Müller.

Im Jahre 1808, als der Kaiser seine dritte Gemahlin zum Traualtar führte, war die Erneuerungsbewegung in der Donaumonarchie in vollem Gang. Die junge Kaiserin, die sich sofort politisch engagierte, unterstützte sie, stand voll und ganz hinter ihr. Der Kampf gegen Napoleon war ihr ein Herzensanliegen. Graf Stadion hatte im Kaiserhaus eine enthusiastische Mitstreiterin gefunden.

Um zu dokumentieren, daß er hinter dem Reformwerk seines Außenministers stand und um das Band zwischen der Krone und den Bürgern enger zu knüpfen, unternahm Franz I. einige Reisen in die Provinzen, auf denen er von Maria Ludovica begleitet wurde. Im April

besuchte das Kaiserpaar Brünn, im Juni Linz. Im September fuhren der Kaiser und seine Gemahlin nach Preßburg, wo Franz den ungarischen Reichstag eröffnete und Maria Ludovica zur Königin von Ungarn gekrönt wurde. Was sich in diesen Tagen in Preßburg abspielte, erinnerte an die Junitage des Jahres 1741, als die junge Maria Theresia die ungarischen Magnaten, die bei jeder sich bietenden Gelegenheit auf ihre Rechte pochten, durch den Zauber und die Kraft ihrer Persönlichkeit in jubelnde Begeisterung versetzt und ihnen politische Zugeständnisse abgerungen hatte.
Auch Maria Ludovica wußte die feurigen Ungarn durch ihre Liebenswürdigkeit für sich einzunehmen. Ihre Krönung und die damit verbundenen Feierlichkeiten wurden zu einem Triumph des Hauses Habsburg. Die Prachtentfaltung war beeindruckend. An dem Bankett, das nach der Krönungszeremonie stattfand, nahmen nicht weniger als sechshundert geladene Gäste teil.
In die Festlichkeiten mischte sich ein kleiner Vorfall, der nicht von allen Menschen, die daran teilnahmen, bemerkt wurde. Die Kaiserin erlitt in dem Augenblick, in dem sie sich dem Altar näherte, einen Schwächeanfall. Sie erholte sich rasch wieder. Der Kaiser muß es gesehen haben. Wußte er, das seine Gattin krank war, unheilbar krank?
Das politische Ergebnis der Reise nach Preßburg war beachtlich. Die Stände bewilligten eine Erhöhung des Rekrutenkontingentes um 20 000 Mann und stellten auch mehr Geldmittel zu Verfügung. Im Jahr zuvor hatten sie diese kaiserlichen Anliegen noch mit großer Entschiedenheit zurückgewiesen.

Graf Stadion wartete nur noch auf eine günstige Gelegenheit, gegen Napoleon loszuschlagen. Er hielt sie für gekommen, als der Kaiser der Franzosen damit beschäftigt war, auf der Pyrenäenhalbinsel einen Aufstand der Spanier gegen seine Herrschaft niederzuschlagen. Er wisse kein besseres Mittel, die Monarchie vor der endgültigen Zerschlagung durch den Despoten zu bewahren, als einen Präventivschlag zu führen, erklärte der Außenminister sinngemäß seinem Kaiser. Friedrich von Gentz verfaßte ein zündendes Kriegsmanifest, und dann ging es im April 1809 los.

Die Tiroler Bauern eröffneten die Kriegshandlungen und warfen innerhalb kurzer Zeit die bayerischen Besatzungstruppen aus dem Land. Der imposante Volksaufstand der Tiroler konnte militärisch nicht genützt werden, die deutsche Unterstützung, auf die man so sehr gehofft hatte, blieb aus. Maria Ludovica stand zwar im Briefwechsel mit Königin Louise von Preußen, der Seele des Widerstandes gegen Napoleon, aber auf die politischen Entscheidungen hatte das keinen Einfluß. Hatte Graf Stadion zu früh zum Angriff geblasen? Im Rückblick betrachtet, scheint es so.

Die Kaiserin verfolgte von der ersten Minute an die Ereignisse auf dem Kriegsschauplatz mit glühender Anteilnahme. »Ich wollte ein Mann sein, um dem Staate zu dienen«, schrieb sie an ihren Schwager, Erzherzog Johann, mit dem sich sich glänzend verstand. Und als Napoleon, der stets rasch entschlossen handelte und in Bayern in etlichen Gefechten mit seiner Armee die unter dem Oberbefehl von Erzherzog Carl stehende österreichische Hauptstreitmacht schlug, reiste sie dem Kaiser nach, um ihn vor der Einleitung übereilter Friedensverhandlungen, die der habsburgische Generalissimus verlangt hatte, abzuraten. Zudem beschwor sie ihren Gemahl, sich selbst an die Spitze der Armee zu stellen. Diesem Wunsch entsprach er nicht. Was hätte es auch genützt? Und auch den brüderlichen Feldherrn entließ er nicht, wie es die Gattin verlangt hatte. Er entschied sich für die Fortführung des Krieges, zumal die Armee ihre Schlagkraft keineswegs eingebüßt hatte. Wenigstens dieses eine Ziel hatte Maria Ludovica erreicht.

Der Feldzug ging weiter. Am 13. Mai 1809 zog Napoleon an der Spitze seiner Truppen zum zweitenmal in die Hauptstadt des Habsburgerreiches ein. Diesmal nach einer Beschießung, bei der zahlreiche Häuser zerstört wurden und etliche Menschen den Tod fanden.

Wie schon ihre Vorgängerin vier Jahre zuvor, war die Kaiserin mit ihren Stiefkindern geflüchtet und hatte zunächst in Raab, dann in Ofen Zuflucht gefunden. Die Fahrt dorthin war für sie eine regelrechte Qual. Schmerzgepeinigt lehnte sie in der Kutsche. Marie Louise schrieb dem Vater: »Gestern im Wagen [Brief vom 6. Mai 1808] litt sie äußerst an Milzstechen und da es stark stoßte, so that ihr jeder

Schlag außerordentlich weh. Für uns war es schröcklich, sie so leiden zu sehen …« Von Ofen aus nahm Maria Ludovica leidenschaftlich Anteil am weiteren Geschehen, stellte in Briefen an ihre Mutter, die sich in Gödöllö aufhielt, allerlei strategische Überlegungen, kühne militärische Kombinationen, an, und versuchte unermüdlich, den Kaiser zu Taten anzuspornen. »Ich bin und bleibe stets die nämliche«, schrieb sie ihm am 23. Mai 1809, einen Tag nach der Schlacht bei Aspern, von dessen Ausgang sie noch nicht unterrichtet war, »kein Glück, kein Zufall wird meinen Muth sinken lassen.« Der Brief, den sie am gleichen Tag an Erzherzog Johann absandte, klang anders, war in Moll abgefaßt. »Mir erscheint meine Lage wie jene eines Menschen«, formulierte sie, »der in der Menagerie von Schönbrunn sich befindet, in dem Augenblick, als man alle Käfige öffnet; er ist in Zweifel, ob der den Tiger, den Bären oder die Hyäne am ersten anpacken oder von selben fliehen soll … Der Kaiser ist gottlob gesund in Wolkersdorf; warum er nicht in Centro ist, ist unbegreiflich. Bis jetzt geschieht gar nichts; die Armee ist voll Muth und möchte kämpfen … Ich kann Ihnen nicht beschreiben, was ich leide; schreiben Sie mir so bald als möglich, Ihre Briefe sind mir ein Trost.«

Vom Sieg Erzherzog Carls über Napoleon erfuhr sie durch den Grafen Ferdinand von Pállfy-Erdöd, der zwischen ihr und dem Kaiser Kontakt hielt. Die Nachricht erfüllte sie mit Freude. In den allgemeinen Jubel, der sich nach der ersten militärischen Niederlage des korsischen Feldherrngenies vielerorts breitmachte, stimmte sie jedoch nicht ein. Das Dankschreiben des Kaisers an den Oberkommandierenden seiner Armee hielt sie für verfrüht und für zu hochgemut.

Erzherzog Carl nützte nach dem Sieg bei Aspern die Gelegenheit nicht, den besiegten Gegner endgültig zu schlagen. Statt dessen plädierte er für den Frieden. »Seit der Schlacht bei Regensburg, und besonders seit jener von Aspern«, schrieb er an Herzog Albert von Sachsen-Teschen, »predige ich unermüdlich Friede, Friede, Friede. Lieber etwas aufopfern als alles verlieren.« Auch Erzherzog Rainer und andere hochgestellte Persönlichkeiten rieten dazu. Napoleon wäre möglicherweise zu diesem Zeitpunkt dafür zu haben gewesen. Die Kaiserin freilich war strikt gegen einen Friedensschluß. Für den

Schritt des Gemahls, den Zaren in geheimer Botschaft um Vermittlung zu ersuchen und den Preußenkönig auf seine Seite zu ziehen, fand sie nur Worte des Spottes und der Bitterkeit.
Der Krieg ging weiter. Die beiden Feldherren verstärken ihre Armeen und maßen am 5. und 6. Juli bei Deutsch-Wagram im Marchfeld abermals in einer offenen Feldschlacht ihre Kräfte. Napoleon zwang die österreichische Armee nach hartem Ringen zum Rückzug, der vernichtende Schlag gelang ihm aber nicht. Erzherzog Carl führte seine einigermaßen intakt gebliebenen Truppen nach Mähren, bot dem Gegner, ohne vorherige Rücksprache mit dem Kaiser, einen Waffenstillstand an und legte die Armeeführung zurück. Graf Johann Philipp Stadion zog seinerseits die Konsequenzen.
Maria Ludovica war außer sich, als sie davon erfuhr. Sie maß dem epileptischen Erzherzog die gesamte Schuld am Desaster der österreichischen Armee zu. Das war freilich mehr als ungerecht. Für alle Mißstände, die auch in diesem Feldzug zutage traten, für alle Fehler, die passierten, ist er nicht verantwortlich zu machen.
Noch immer dachte die Kaiserin an die Fortsetzung des Kampfes, stemmte sie sich mit ganzer Kraft gegen einen Friedensschluß. Wenn überhaupt, dann müsse es ein sicherer und ehrenvoller Friede sein, beharrte sie auf ihrem Standpunkt.
Um dem Kaiser näher zu sein und ihren Einfluß besser zu nützen, begab sie sich in das Hoflager nach Komorn und später von dort nach Totis, wo sie sich von Ende August bis Anfang Oktober 1809 aufhielt. Nur mit größter Mühe gelang es der Friedenspartei, die sich des Grafen Pállfy, Ludovicas engen Vertrauten, bediente, um an sie mit ihren Anliegen heranzukommen, den Widerstand der Kaiserin gegen eine friedliche Übereinkunft mit Napoleon zu brechen.
Der Sieger war alles andere als gnädig. Er reduzierte im Frieden von Schönbrunn, der am 14. Oktober 1809 unterzeichnet wurde, das Habsburgerreich auf den Status einer Mittelmacht. Er verlangte weitgehende Gebietsabtretungen, eine hohe Kriegsentschädigung und die Reduzierung der Armee auf den Stand von 150 000 Mann.

Die Kaiserin war bei schlechter Gesundheit, als sie Anfang Januar 1810 wieder nach Wien zurückkehrte. Die vielen Enttäuschungen der vergangenen Wochen und Monate hatten ihr hart zugesetzt. Im ihrem ungarischen Exil hatte sie des öfteren das Bett hüten müssen, sie verlor zusehends an Gewicht, nach dem Tod ihres Bruders fühlte sie sich so schwach, daß sie mit der Letzten Ölung versehen wurde. Sie litt, wie man es damals nannte, an der Auszehrung, sie war lungenkrank.

Marie Louise schrieb verzweifelte Briefe an den Vater, und Friedrich von Gentz notierte betroffen in seinem Tagebuch: »Die unglückliche Fürstin stirbt dahin.« Maria Ludovica wußte, wie es um sie stand. »Ich habe Stunden«, schrieb sie dem Kaiser, »wo mir jedes Wort, jede Beschäftigung zuwider wären, wenn ich nicht Trost bei Gott suchen thäte. Ich fühle, dass die Maschine nicht mehr das ist, was sie war, denn die Mattigkeit bessert sich gar nicht.«

Aber diese zarte Frau besaß einen zähen Lebenswillen und eine ungeheure Lebenskraft. Und sie hatte eine Portion schalkhaften Humor. Sie sehe im Augenblick so schlecht und abgemagert aus, schrieb sie an der Jahreswende 1809/1810 ihrem geliebten Franz und fügte scherzend hinzu: »So wie ich jetzt bin, könntest Du den Gedanken fassen, mich als eine Unbrauchbare auf dem Tandelmarkt zu verkaufen.«

Maria Ludovica liebte ihren Gemahl. Das läßt sich nicht bezweifeln. Ihre Briefe, die von der wissenschaftlichen Forschung längst aufgearbeitet wurden, sind der beste Beweis dafür. Sie sind voll von zärtlichen Wendungen und Liebesbeteuerungen. »O bester Schatz und einziger Freund«, heißt es da etwa, »wie sehr bist Du Herr meines Herzens; ich freue mich auf den Augenblick Dich zu umarmen, ohne Dir kann ich nicht sein … Dein bin ich und bleib ich bis in den letzten Augenblick meines Daseins, könnte ich Dich nur so lieben, wie Du es verdienst.«

Mit der deutschen Grammatik hatte sie Schwierigkeiten, und auch die Orthographie bereitete ihr Probleme. Aber Herzensergüsse, wenn sie ehrlich gemeint sind, kommen auch ohne Sprachregeln aus. »Mein Leben, mein Alles ist Dein«, gibt sie ihren Gefühlen ein anderes Mal

Ausdruck, »außer Dir hänge ich an nichts in der Welt, für Dich leben, für Dich mich erhalten, will ich so lang ich Dir dienen kann, dieses ist mein einziger Zweck«. Und wiederum: »Ja, Schatz, kein Mann kann mehr geschätzt und geliebt werden, wie Du; ich denk nur auf Dich, ich lebe nur für Dich.«

Kaiserliche Gegenschwüre ähnlicher Art sind nicht bekannt. Sie würden auch überraschen. Franz war zu gehemmt, zu introvertiert, zu steif und nüchtern, um sein Herz so sprechen zu lassen.

Seine dritte Ehe hielt wahrscheinlich nicht ganz das, was er sich von ihr versprochen hatte. Maria Ludovica kümmerte sich rührend und mit letzter Kraft um ihre Stiefkinder, aber sie war kein Hausmütterchen, wiewohl sie sich auch ab und zu den Alltäglichkeiten des Lebens widmete. Sie strich überflüssige Ausgaben und schärfte dem Personal ein, sparsam zu sein. Andererseits liebte sie es, kleine Feste zu feiern, die hochadeligen Familien des Landes zu festlichen Veranstaltungen in die Hofburg einzuladen. Aber sie holte dafür zumeist die Erlaubnis des eher knausrigen Gemahls ein und achtete auf Sparsamkeit. Der einzige Luxus, den sie trieb, war ihr Wohnkomfort. »Was meine Wohnung betrifft«, schrieb sie im Dezember 1809 ihrem geliebten Gatten, »so kennst Du, bester Schatz, meine Schwachheit, diese ist das einzige auf der Welt, was kein Gefühl der Seele enthält und mich doch freuet. Ich läugne nicht, dass die Aufgabe groß sein wird, doch alles bleibt dem Staat und nichts betrachte ich als Proprietät, sondern will mir bloß den Genuss zueignen. Was ich Dir in Möbeln kost, kostet Dir eine andere Frau in Pferden, Bällen, Unterhaltungen, von denen verlange ich nichts, nur eine schöne Wohnung – lach nur über mich, ich gestatte es Dir.«

Die »schöne Wohnung« bestand zunächst aus sieben Zimmern und Nebenräumen im Schweizertrakt der Hofburg, die neu adaptiert und neu möbliert wurden. Die Kaiserin gab sich damit aber nicht zufrieden. Noch im Dezember 1809, nachdem sie in dem zitierten Brief ihre Wünsche geäußert hatte, wurde damit begonnen, im zweiten Stock des Leopoldinischen Traktes für sie neue »Appartements« einzurichten. Sie umfaßten zwanzig Räume, darunter ein paar extravagante Zimmer wie das »Chinesische«, das »Türkische« und das »Ägyptische« Kabinett. Die enormen Kosten mußte die Kaiserin zum Teil aus der eigenen Tasche bestreiten. Maria Ludovica, die gerne las, besaß auch eine eigene Bibliothek. Gewissenhaft, wie sie war, trug sie alle gelesenen Bücher in ein Heft ein, in dem sie auch festhielt, wie ihr die einzelnen Werke gefielen und welchen geistigen Nutzen sie daraus gezogen hatte.

Die Kaiserin sollte sich auf Anraten ihrer Ärzte größtmögliche Schonung auferlegen. Sie durfte nicht reiten, keine anstrengenden Spaziergänge und schon gar keine langen Wanderungen unternehmen. Der Kaiser, der die Natur liebte – er bestieg sogar zweimal den Schneeberg –, und gerne zu Fuß unterwegs war, hatte dafür nicht immer das nötige Verständnis. »Jetzt hab ich mir als alter Mann eh' schon eine junge Frau genommen, und noch immer geh ich ihr zu schnell«, äußerte er sich einmal.

Die Kaiserin empfand diese Bemerkung berechtigterweise kränkend. »Für jedesmal, das er mir sagt: ich soll mich schonen, sagt er mir zehnmal, es sei doch sonderbar, dass ich immer zu Hause bleibe«, klagte sie, »gewiss, er sagt es nicht, um mich zu betrüben, dessen ist er nicht fähig, er sagt nur aufrichtig, was er denkt. Da ich mich aber damit zu Grunde richten würde und ich's auch anders gar nicht imstande wäre, so bleibe ich doch zu Hause, kränke mich aber sehr und würde gerne mein ganzes Vermögen geben, wenn ich mir darum ein Capital von Kraft kaufen könnte.«

Auch sexuell scheint die Ehe, die kinderlos blieb, problematisch gewesen zu sein. Die Krankheit der Kaiserin ließ ein erfülltes Sexualleben wohl nicht zu. Dazu kam, daß die Ehepartner einander aus verschiedenen Gründen oft wochen- und monatelang nicht sahen. Der sittenstrenge Kaiser hielt sich mit dem Wissen des Hofarztes und dem Einverständnis seiner Gemahlin bei anderen Frauen schadlos. »Ich werde versuchen, Dir zuliebe sehr dick zu werden, um die Reize der mageren Spintin zu verdunkeln«, neckte sie ihn. »Hast Du sie wieder aufsuchen müssen, Du Lump?« Majestätisch klingt dieser Ton wahrlich nicht.

Maria Ludovica hatte bei ihrer Verehelichung die Verpflichtung übernommen, sich um die minderjährigen Kinder des Kaisers zu kümmern. Sie entledigte sich dieser schweren Aufgabe trotz ihrer schwachen Konstitution mit großem persönlichem Einsatz bis zur Selbstaufopferung. Die junge Kaiserin war nicht nur um das leibliche Wohl ihrer Stieftöchter und -söhne besorgt, sondern auch um deren Gesundheit und Ausbildung.

»Deine Kinder«, schrieb sie dem Kaiser im Mai 1809 aus Ofen, wo sie vor Napoleon mit der Familie Zuflucht gesucht hatte, »sollen Dir noch zum Troste dienen und Dich über alles lieben; sie dahin zu führen, ist mein Geschäft...«

Das Sorgenkind der liebevollen Stiefmutter war der körperlich schwer behinderte und geistig zurückgebliebene älteste Sohn des Kaisers, Erzherzog Ferdinand. »Ferdinand ist ein einziges Phänomen in der Natur«, erzählte die Kaiserin dem bayerischen Thronfolger Ludwig, den sie zur Zeit des Wiener Kongresses des öfteren zu einem vertrauten Gespräch zu sich lud. »Der Kleine konnte zeitweilig das Gleichgewicht nicht halten und fiel um. Des Nachts band man ihn an das Bett, damit er nicht herausfalle. Einmal gab ihm eine Wärterin, um ihn zur Ruhe zu bringen, so viel Opium, daß er danach stundenlang nicht aus seiner Betäubung zu wecken war. Man machte Lärm, man hielt ihn aus dem Fenster in die Kälte! Nichts nützte. Daß der Kronprinz einen nicht ansieht«, fuhr die Kaiserin fort, »kommt daher, weil irgendein Arzt auf den Gedanken verfallen war, es werde auf sein Gehirn einen günstigen Einfluß ausüben, wenn man ihn stundenlang in die Sonne sehen läßt. Mit sechzehn Jahren hatte er noch Milchzähne und durfte bis zu diesem Alter kein Messer und keine Schere anrühren. Aber sein Gesicht ist hübsch.«

Die erste Maßnahme der Kaiserin, was die Erziehung Ferdinands betraf, war die Entlassung von ein paar Lehrern, die sie für untauglich hielt. Sie sah sich dann sogleich um einen geeigneten Erzieher für den nunmehr 15jährigen Erzherzog um und fand ihn in der Person des Freiherrn Joseph von Erberg. Erberg, dessen Frau Aja bei den Kaisertöchtern wurde, übernahm eine schwere Aufgabe. Sein Schützling, der vom Kaiserhaus vor der Öffentlichkeit abgeschirmt wurde, war ein Schwererziehbarer, ein pädagogischer Sonderfall. So jedenfalls würde man es heute ausdrücken. Er hatte Launen, er war widersetzlich, er bekam Tobsuchtsanfälle, wenn ihm etwas gegen den Strich ging. Erberg, der der Kaiserin über seine Erziehungsmaßnahmen beinahe täglich vertrauliche Berichte zugehen ließ, ging konsequent an die Arbeit. Er erzog den widerspenstigen Erzherzog zur Selbständigkeit und brachte ihm nach und nach erstaunlich viel bei. Ferdinand lernte Schreiben und Lesen, erhielt Reit-, Tanz-, Fecht- und Klavierunterricht. Erberg förderte sein zeichnerisches Talent und veranlaßte, daß der Erzherzog mit Billigung der Kaiserin die Gärtnerei erlernte. Er hat Ferdinand in den Jahren, in denen er ihn erzieherisch betreute, mit pädagogischem Geschick und intuitiver psychologischer Einfühlungsgabe geistig und körperlich entscheidend weitergebracht.

Der Kaiser nahm die positive Entwicklung seines ältesten Sohnes wohlwollend zur Kenntnis. Als sich bei Erberg 1814 Anzeichen einer beginnenden Schizophrenie zeigten, wurde er aus dem Dienst des Kaiserhauses entlassen. Maria Ludovica erklärte die Erziehung des Prinzen für abgeschlossen. Ferdinand wurde jedoch weiter ausgebildet. Er erhielt Unterricht im Militärwesen, in naturwissenschaftlichen und technischen Fächern. Genie wurde keines aus ihm. Aber er war auch nicht der debile Schwächling, als der er von so manchem Historiker hingestellt wurde.

Von den Töchtern des Kaisers stand Maria Ludovica nicht nur alters-, sondern auch gefühlsmäßig die bescheidene, sanftmütige, nicht sonderlich hübsche und höchst mittelmäßig begabte Marie Louise am nächsten. Die Kaiserin hegte den Plan, die Erzherzogin mit ihrem Bruder Franz von Modena-Este, zu dem diese eine Zuneigung gefaßt hatte, zu verheiraten. Sie wollte dadurch das Band zwischen ihrer Familie und dem Kaiserhaus noch enger knüpfen.

Der Kaiser lehnte ab. »Er hat nichts, du hast nichts, das Mädel hat nichts und ich hab' auch nichts mehr, was soll das für eine Mariage geben«, soll er während einer erregten Debatte der Gemahlin gegenüber geäußert haben.

Louise war seine Lieblingstochter. Aber sie war, wie die anderen Töchter auch, was ihre Verehelichung betraf, für ihn nichts weiter als eine Schachfigur in den Beziehungen zwischen den europäischen Königshäusern. Eine solche Verbindung zeichnete sich im Januar 1810 ab. Sie war von Graf Clemens Wenzel Lothar Metternich, dem er im Jahre zuvor die Agenden des Außenministeriums übertragen hatte, angebahnt und in die Wege geleitet worden. Die Erzherzogin sollte Napoleon heiraten. Der Minister erhoffte sich davon politische Vorteile für die Donaumonarchie. Und Napoleon glaubte, durch seine Einheirat in das habsburgische Herrscherhaus sein Kaisertum legitimieren zu können.

Marie Louise war untröstlich, als sie von dem Eheprojekt erfuhr. Sie bat den Vater, davon Abstand zu nehmen. Franz I. blieb bei seinem Entschluß, und die gehorsame Tochter fügte sich in ihr Schicksal.

Die Kaiserin war fassungslos. Sie, die Napoleon bis in den letzten Winkel ihrer Seele haßte, sollte die Stiefschwiegermutter dieses Mannes werden? Der bloße Gedanke daran verursachte ihr Übelkeit, verschlimmerte ihren ohnehin schlechten Gesundheitszustand. Aber alle ihre Bemühungen, die eheliche Verbindung Marie Louises, die sie wie eine leibliche Mutter liebte, mit dem Kaiser der Franzosen zu verhindern, blieben erfolglos. Die politischen Umstände waren stärker als die Widerstandskraft der Kaiserin von Österreich.

Am 16. Februar 1810 wurde von Franz I. und Metternich der Ehevertrag unterzeichnet. Die Kunde davon schlug bei den Uneingeweihten wie eine Bombe ein. »Der plötzliche Ausbruch eines Vulkans hätte nicht ärger überraschen können«, schrieb der deutsche Schriftsteller und Diplomat Karl August Varnhagen von Ense. Etliche Adelige rümpften die Nase, zahlreiche ausländische Diplomaten zeigten sich schockiert, in den Wiener Salons war die bevorstehende Hochzeit das Tagesgespräch.

Der Kaiserin blieb nichts anderes übrig, als eine halbwegs gute Miene zum bösen Spiel zu machen. Die Pflicht gebot ihr, die vielen, damit verbundenen Zeremonien über sich ergehen zu lassen. Sie stellte über Auftrag des Kaisers zähneknirschend die Ausstattung für die Braut zusammen und wechselte bei der kaiserlichen Familientafel für

Alexandre Berthier, den offiziellen Brautwerber Napoleons, mit dem gebildeten französischen Marschall ein paar freundliche Worte. Den Grafen Metternich, der wie die Brüder des Kaisers und die höchsten Hofchargen ebenfalls daran teilnahm, ließ sie links liegen. Eine neue Gegnerschaft war geboren.
Auf dem Ball in den Redoutensälen, der nach der Werbung und der Familientafel stattfand, stach die Stiefmutter ihre unreife, ein wenig linkisch wirkende Stieftochter nach Meinung einer Beobachterin »durch Anmuth der Bewegungen, vorteilhaften Anzug und Majestät der Haltung« glatt aus. Von der kranken Kaiserin muß ein eigenartig morbider Zauber ausgegangen sein.
Die Hochzeit per procurationem fand am 11. März 1810 in der Augustinerkirche statt. Der Bräutigam wurde von Erzherzog Carl vertreten, Maria Louise schritt hinter dem Vater an der Seite Maria Ludovicas, die sie an der rechten Hand führte, zum Traualtar. Die Trauung wurde vom Fürsterzbischof von Wien, Sigismund Graf Hohenwart, vorgenommen. Danach gab es in der Hofburg die vom Zeremoniell vorgeschriebenen Festivitäten. Die Kaiserin hatte sich tapfer gehalten. »Sie hat eine wunderbare Wirkung auf die Fremden gemacht, die jetzt hier sind«, urteilte eine Dame, die sie gut kannte. Beim Abschied Marie Louises brach sie dann allerdings zusammen. »Die Trennung von der Louise, die ich so innigst liebe, fiel mir sehr hart und ich hatte keine Kraft, sie zum Wagen zu begleiten und blieb im Zimmer«, schrieb sie dem Kaiser, der dem nach Frankreich reisenden Hochzeitszug bis St. Pölten vorangefahren war. Graf Louis Guillaume Otto, der französische Botschafter am Kaiserhof, wußte anderes zu berichten. Er meldete seinem Gebieter in Paris, die Kaiserin habe Maria Louise bis zum Wagen begleitet, sei aber dann ohnmächtig geworden und habe von zwei Kämmerern in ihre Gemächer zurückgebracht werden müssen. Wie immer, der 13. März 1810, der Tag, an dem Marie Louise Wien verließ, war für sie ein Trauertag. Mit ihrer geliebten Stieftochter blieb sie aber in enger brieflicher Verbindung.

Mitte Mai 1810, zwei Monate nach den ereignisreichen Märztagen, an denen sie so großen innerlichen Anteil genommen hatte und die sie so

viel seelische Kraft gekostet hatten, verließ die Kaiserin Wien in Richtung Norden. Die Ärzte hatten ihr zu einer Kur in Karlsbad geraten. In ihrer Begleitung befand sich neben der Obersthofmeisterin und einigen anderen Damen des Hofstaates die dreizehnjährige Erzherzogin Leopoldine, die Lieblingsschwester der nunmehrigen Kaiserin der Franzosen. Die sensible, aber willensstarke Leopoldine, die ihrer Stiefmutter einiges aufzulösen gab, war von den Ereignissen am Kaiserhof erschüttert und benötigte dringend einen Tapetenwechsel. Das und keineswegs gesundheitliche Problem körperlicher Natur war der Grund, weshalb sie ihre Stiefmutter nach Böhmen begleiten durfte.
Auf dem Weg zum berühmten Kurort machte die Kaiserin in Prag Station. Mit der dortigen Adelsgesellschaft wußte sie wenig anzufangen. Sie hielt sich daher nicht lange in der Hauptstadt Böhmens auf und reiste an ihren Bestimmungsort weiter.
In Karlsbad, wo sie am 6. Juni 1810 eintraf, wurde Maria Ludovica selbstredend ein glanzvoller Empfang zuteil. In einem Brief an den Kaiser berichtet sie: »Der Weg unmittelbar vor der Stadt gieng stark bergab und war sehr steinig, deshalb … ließ ich mich bewegen, in einen Tragsessel zu steigen, welcher mit Leinwand und Blumen verziert war und so geschlossen, dass ich dachte zu ersticken; sechs Bürger trugen mich, der Magistrat gieng neben dem Sessel, das armierte Jägercorps umringte mich, Musik, Gesang, alles begleitete mich, das Volk strömte herbei, es schien mir, als wäre ich die Kaiserin von China, im Triumph getragen.« Vor dem Haus auf dem Marktplatz, in dem sie Quartier nahm, wurde sie von 24 weißgekleideten Mädchen, die Blumen streuten, begrüßt, am Eingang zu ihren Appartements überreichte ihr eine der kleinen Empfangsdamen ein Willkommensgedicht. Es stammte von keinem Geringeren als Goethe. Der damals 61jährige Dichter, der die Karlsbader Thermalquellen seit Jahrzehnten aufsuchte, war von der Bürgerschaft darum ersucht worden, und er war der Bitte gerne nachgekommen.
Bereits am Tag nach ihrer Ankunft wurde der Kaiserin im sogenannten sächsischen Saal, wo die vornehme Gesellschaft zusammentraf, Goethe vorgestellt. Welchen Eindruck der Dichter, der nach einem

zeitgenössischen Bericht »von hoher, schöner Gestalt war, sehr sorgsam gekleidet, die Haare geschmackvoll frisiert und gepudert«, und der ihr mit ausgesuchter, gewinnender Höflichkeit begegnete, auf die junge, hübsche Regentin gemacht hat, ist nicht überliefert.
Goethe war jedenfalls von der Kaiserin beeindruckt und hat ihr ein paar Tage nach dieser ersten Begegnung in einem Brief an seinen Landesvater, Herzog Karl August von Sachsen-Weimar, ein literarisches Denkmal gesetzt. »Das Aussehen der Kaiserin ist zart, aber nicht eben kränklich«, schrieb er ihm, »wie denn wegen ihrer Gesundheitsumstände das Publicum wie die Ärzte getheilter Meinung sind. Sie trinkt Eselsmilch und scherzt oft über ihre Milchgeschwister. Überhaupt ist sie höchst angenehm, heiter und freundlich. Stirn und Nase erinnern an die Familienbildung, ihre Augen sind lebhaft, ihr Mund klein und ihre Rede schnell, aber deutlich. In ihren Äußerungen hat sie etwas Originales. Sie spricht über die mannigfaltigsten Gegenstände, über menschliche Verhältnisse, Länder, Städte, Gegenden, Bücher und sonstiges, und drückt durchaus ein eigenes Verhältnis dieser Gegenstände zu ihr aus. Es sind eigene Ansichten, jedoch keineswegs sonderbar, sondern wohl zusammenhängend und ihrem Standpunkt vollkommen gemäß.«
In einem Schreiben an seinen Freund Karl Friedrich Reinhard schwärmte er: »... eine solche Erscheinung noch gegen Ende seiner Tage zu erleben, gibt die Empfindung, als wenn man bei Sonnenaufgang stürbe.«
Die Kaiserin traf während ihres 16tägigen Aufenthaltes noch mehrere Male mit Goethe zusammen. Man führte gemeinsam mit anderen adeligen Kurgästen ein kleines Theaterstück auf, der Dichter las ihr aus eigenen und anderen Werken vor. Welche Lektüre Goethe gewählt hat und wie sie Maria Ludovica gefiel, darüber hat sich die Kaiserin in ihren Briefen mit keinem Wort geäußert. Sie war kunstinteressiert, sie liebte Bücher, doch dürfte ihre Kenntnis der deutschen Literatur doch eher gering gewesen sein. Die Bedeutung und Größe des Weimarer Dichters hat sie gewiß nicht erkannt. Sie stand damit nicht allein. Den Zeitgenossen bedeutete so mancher anderer Schriftsteller mehr als Goethe, etwa der wendige, ungeheuer produktive August

von Kotzebue, dessen Stücke die Theaterspielpläne die Goethe-Zeit beherrschten.

Die österreichische Kaiserin fühlte sich in Karlsbad, dem damaligen Treffpunkt der europäischen Hautevolée, ausgesprochen wohl. Die Gegend gefiel ihr, sie unterhielt sich recht frei und ungezwungen mit den Kurgästen, ihr Gesundheitszustand besserte sich. Sie nahm zu, ihre Lebensfreude stieg, sie war sogar wieder zu Scherzen aufgelegt. Er werde sich, wenn sie zurückkehre, wundern, schrieb sie dem Kaiser, sie werde so dick sein wie die Gräfin Auersperg. Die Rundlichkeit dieser Dame gab am Kaiserhof offenbar Anlaß zu launigen Bemerkungen.

Die Abreise der Kaiserin erfolge am 22. Juni 1810. Der Abschied fiel ihr schwer. Goethe verfaßte ein »tiefempfundenes« Gedicht, die Einwohner des Kurortes veranstalteten ein kleines Fest und baten den hohen Gast wiederzukommen. »Gern hätte ich mit Ja geantwortet«, schrieb sie dem Kaiser, »besonders wenn ich hoffen könnte, dass Du auch hinkommen wolltest.«

Von Karlsbad reiste Maria Ludovica nach Teplitz in Nordböhmen. Dort, im ältesten Heilbad des Landes, versammelte sich um sie eine illustre Gesellschaft: der geistreiche Karl Joseph Fürst de Ligne war da, Friedrich von Gentz, Prinz August von Preußen, Herzog Karl August von Weimar-Sachsen, aber auch Louis Bonaparte, der Bruder Napoleons. Louis war vom französischen Kaiser 1806 zum König von Holland ernannt worden, hatte sich aber dann mit ihm überworfen. Im Jahre 1810 entsagte er der Regierung zugunsten seines Sohnes und floh bei Nacht und Nebel nach Österreich. Nun befand er sich mit Billigung seines kaiserlichen Bruders und auf Anraten seiner Ärzte unter dem Pseudonym eines Grafen von St-Leu zur Kur in Teplitz. Eine Begegnung Maria Ludovicas mit ihm schien unvermeidlich, und die berühmten Kurgäste rätselten, wie sie ihm wohl entgegentreten würde. Die Kaiserin unterhielt sich mit ihm im Gartensaal der Kuranstalt wie mit jedem anderen Gast. Dem Gemahl berichtete sie: »Er sieht dem Bildniß seines Bruders sehr ähnlich, scheint leidend und etwas lahm an der Hand sowie am Fuße; sein Äußeres wäre anziehend, seine Art einnehmend, seine Sprache und Worte gefällig, wenn man

vergessen könnte alle Verhältnisse. Seine Reden bescheiden; mit Einigen hier hat er sich schon frei geäußert.«
Mit Friedrich von Gentz, dem charmanten, weltbürgerlichen Berater Metternichs, führte sie angeregte Gespräche über alle möglichen Themen, der Herzog von Weimar zeigte sich von ihr sehr beeindruckt. An Goethe schrieb Karl August: »Ich kann nicht leugnen, dass ihre ausgezeichnete Liebenswürdigkeit mich frappiert hat. Sie sagt mir viel Schönes auf Deine Rechnung. Der Himmel erhalte sie lange während dieser Badecur bei uns und noch länger hinterdrein auf der Welt. Ich fürchte aber, dass meine Wünsche nicht erhört werden möchten.«
Die Kaiserin nahm Einladungen auf benachbarte Schlösser an, deren Besitzer im Dienste des Hauses Habsburg-Lothringen standen, und besuchte auch den Hof des sächsischen Königs in Dresden, wo die berühmte Bildergalerie ihre Aufmerksamkeit und Bewunderung erregten.
Ende Juli 1810 verließ sie Teplitz. Ob ihr die Kur Erleichterung brachte, ist nicht bekannt. Über Brünn und Kremsier reiste sie zurück nach Laxenburg, wo sie am 20. August eintraf. Es hielt sie dort jedoch nicht lange. Im Herbst machte sie eine Reise durch die Alpenländer, besuchte Steyr, Eisenerz, Klagenfurt, Graz und Marburg. Trieb sie eine innere Unrast von Ort zu Ort?
Auch im Jahre 1811 wechselte sie oft den Aufenthaltsort. Im Frühjahr bereiste sie Mähren, im Frühsommer fuhr sie wieder zur Kur nach Teplitz, wo sie sich, wie wir einem Brief des Herzogs von Weimar an Goethe entnehmen können, gut erholte. Hierauf hielt sie sich auf den kaiserlichen Schlössern in Luberegg, Persenbeug, Schloßhof und Laxenburg auf. Ende August begleitete sie den Kaiser in offizieller Mission zum ungarischen Reichstag nach Preßburg. Dort galt es, die Finanzreform, die durch ein kaiserliches Finanzpatent als Folge der vielen Kriege beschlossen worden war, zu propagieren. Es gab langwierige Besprechungen und Verhandlungen. Welchen Standpunkt die Kaiserin vertrat, ist nicht ganz klar. Den Forderungen der Ungarn nach größerer Unabhängigkeit vom Wiener Zentralismus scheint sie wenig Sympathien entgegengebracht zu haben. Eine Befürworterin föderalistischer Staatsideen war sie gewiß nicht. Die politischen

Ansichten der Kaiserin waren der absolutistischen Herrschaftsform des 18. Jahrhunderts verhaftet. Es ist jedenfalls bemerkenswert, daß sie sich überhaupt mit wirtschaftlichen Problemen befaßte und sich für staatspolitische Überlegungen interessierte.

Im Frühjahr 1812 drohte ein neuer Krieg. Der Kaiser der Franzosen strebte nach der Weltherrschaft. Zu seinem nächsten Gegner hatte Napoleon Rußland auserkoren, das sich seinen politischen Wünschen nicht gefügig zeigte. Die Vorbereitungen für den Feldzug liefen auf vollen Touren. Die Grande Armée, mit der der Imperator das Zarenreich niederzuringen beabsichtigte, war tatsächlich eine imposante Streitmacht, die größte, die Europa bislang gesehen hatte. Sie umfaßte 600 000 Soldaten aus aller Herren Länder. Auch ein österreichisches Armeekorps in der Größe von 30 000 Mann war darunter. Franz I. hatte sich unter dem Zwang der Umstände dazu bereitgefunden, es aufzubieten. Ehe Napoleon zum Schlag gegen Rußland ausholte, wollte er am sächsischen Königshof Heerschau halten und lud dazu den österreichischen Kaiser und den König von Preußen ein. Franz I. nahm die Einladung nach Dresden gerne an, zumal er dort seine Lieblingstochter zum erstenmal nach ihrer Heirat wiedersehen würde. Im Anschluß daran war ein Familientreffen in Prag geplant. Maria Ludovica sollte ihren Gemahl nach Dresden begleiten. Sie wehrte sich dagegen. Der Gedanke, ihrem Todfeind persönlich zu begegnen, mit ihm an einem Tisch zu sitzen und parlieren zu müssen, erfüllte sie mit Abscheu. Auch war sie gesundheitlich in schlechter Verfassung, die lange Reise machte ihr Angst. Doch trotz ihrer Einwände mußte sie mitkommen.
Die österreichische Delegation mit dem Kaiserpaar an der Spitze reiste über Brünn, Prag und Teplitz nach Dresden, wo sie am 18. Mai 1812 »über und über mit Staub bedeckt« eintraf. Das sächsische Königspaar hieß den österreichischen Kaiser und seine Gemahlin mit großer Herzlichkeit willkommen und begleitete sie in ihre Gemächer. Napoleon und Marie Louise waren am Vortag angekommen.
Die erste Begegnung zwischen den Majestäten fand bereits kurz nach der Ankunft der Österreicher statt. Napoleon erschien mit seinem

ganzen Hofstaat. »Wir waren allein«, berichtete die Kaiserin der Mutter, »und gingen ihm bis ins zweite Gemach entgegen, er umarmte den Kaiser, machte ebenso dergleichen mit mir und küßte mir die Hand. Dann traten wir zusammen in mein Schlafzimmer ein; nachdem die Türen geschlossen worden waren, führten wir stehend ein nichtssagendes Gespräch, das eine Viertelstunde dauerte. Sie können sich denken, liebe Mama, was ich in diesem Augenblick empfand. Hierauf erschien in großer Gala und mit Edelsteinen bedeckt, die Kaiserin mit ihrem ganzen Hofstaat.«

Der kleingewachsene, schon ein wenig füllige Korse gab sich alle Mühe, auf seine Stiefschwiegermutter Eindruck zu machen. Er zeigte sich von seiner besten Seite und war von bestrickender Liebenswürdigkeit. Die Kaiserin blieb unbeeindruckt. »Er spricht sehr viel und liebt es, fortwährend zu fragen«, fand sie. »Fragen lassen sich vermeiden, aber Antworten nicht. Aber ich bemerkte, dass er es eben deshalb thue und brach das Gespräch ab, das sich dann nicht wieder anknüpfen wollte. Mir war unser Dialog umso peinlicher, als ich unwillkürlich immer an Dich und die Brüder denken musste.« Und sie fuhr fort: »Auf alle seine Reden antwortete ich ohne Verlegenheit, was mir passend erschien, suchte weder ihn zu vermeiden, noch ihm zu gefallen und benahm mich doch im ganzen viel kälter und zurückhaltender, als ich es mit jedem anderen, der sich mit meiner Tochter verheiratet hätte, gewesen wäre.«

Die anderen Teilnehmer am Dresdener Fürstentreffen zollten dem Empereur übertriebene Reverenz, wie Maria Ludovica verdrießlich bemerkte. Selbst ihr Gemahl schien dem Charisma Napoleons zum Opfer zu fallen. Zumindest für kurze Zeit trug sich Kaiser Franz I. mit dem Gedanken, den Welteroberer auf den Feldzug nach Rußland zu begleiten. Die Kaiserin mußte ihren ganzen Charme und ihre Überredungskunst einsetzen, um ihn davon abzubringen. »Gott half mir«, schrieb sie ihrer Mutter, »und nach 24 angstvollen Stunden, in denen ich mehr todt als lebendig war, gelang es mir, ihn zu überzeugen, dass ein solcher Entschluss die größte Bestürzung im ganzen Land hervorrufen und unberechenbare Folgen nach sich ziehen würde: ich weiß nicht mehr alles, was ich sagte und mit den heißesten Thränen begleitete; zum Glück hat mich Metternich, der uns in diese Lage gebracht hat, diesmal unterstützt, aber auch ihn wäre es beinahe nicht gelungen, die Sache zu verhindern.«

Die Tage in Dresden verliefen für Maria Ludovica überaus anstrengend. »Wir verbrachten alle Tage mit Empfängen und Besuchen, und meine Gesundheit litt so sehr darunter, daß ich öfters nicht wußte, wie ich mich weiterschleppen könnte«, stellte sie nüchtern und deprimiert fest.«

Die Kaiserin war erleichtert, als sie der sächsischen Hauptstadt schließlich den Rücken kehren konnte. Sie reiste am 29. Mai 1812 mit dem Gemahl nach Prag voraus, um dort die Vorbereitungen für das geplante kaiserliche Familientreffen in die Wege zu leiten. Marie Louise folgte eine Woche später nach. Die Kaiserin der Franzosen wurde von der Bevölkerung mit Jubel empfangen. Das Familientreffen wurde zum Familienfest. Es gab ein umfangreiches Unterhaltungsprogramm, man erfreute sich an den architektonischen Schönheiten der Moldaustadt.

Die Idylle dauerte ein paar Wochen. Dann ging man wieder auseinander. Der Kaiser und Marie Louise verbrachten noch ein paar Tage in Karlsbad. Hierauf reiste er nach Wien, sie nach Paris zurück. Maria Ludovica begab sich zur Kur nach Teplitz, wo sie am 1. Juli 1812 eintraf. Sie nahm, wie schon bei ihrem ersten Aufenthalt, im Palais des Fürsten Karl Clary-Aldringen Quartier.

Auch diesmal traf sie im nordböhmischen Heilbad illustre Persönlichkeiten: den König von Sachsen, die Prinzessin von Hessen, Karl August von Weimar-Sachsen. Der Herzog, der die Kaiserin sehr verehrte, rief Mitte des Monats aus Karlsbad Goethe herbei. Der Dichter leistete der Einladung erfreut Folge und wurde bereits am Tag nach seiner Ankunft von Maria Ludovica empfangen.

Maria Ludovica und Goethe trafen nun einander häufiger als zwei Jahre zuvor in Karlsbad. Die Kaiserin lud ihn nicht weniger als elfmal zur Tafel, wird berichtet, und siebenmal durfte er ihr vorlesen. Die Lektüre, die er wählte, war anspruchsvoll. Aus seinen eigenen Werken brachte er ihr die ersten Szenen aus dem Versdrama »Iphigenie auf Tauris« und die Ballade »Wirkung in die Ferne« zu Gehör, bei

anderen Lesungen machte er sie mit Calderons »Das Leben ein Traum«, mit Balladen Schillers und dem Werk des französischen Schriftstellers Denis Diderot bekannt.
Über den literarischen Geschmack der kunstsinnigen Kaiserin hat sich Goethe später in den Gesprächen mit Johann Peter Eckermann, dem Vertrauten seiner letzten Lebensjahre, sehr lobend geäußert. Mit hoher Wahrscheinlichkeit wurde im engsten Kurgästekreis auch wieder ein Theaterstück zur Aufführung gebracht, an der die Kaiserin ebenfalls mitwirkte.
Die Kur schlug ihr vortrefflich an. »Mir geht es täglich besser«, schrieb sie dem Gatten nach etwa dreiwöchigem Aufenthalt, »und ich kann Dir nicht genug danken, daß Du mir erlaubt hast, diese Bäder zu nehmen, ohne welche ich vielleicht spät oder nie mich hergestellt hätte.«
Ganz ungetrübt und ohne Sorgen verliefen die Tage der Kaiserin in Teplitz allerdings nicht. Maria Ludovica machte im Hause des Fürsten Clary die Bekanntschaft eines russischen Grafen, mit dem sie offenbar ein wenig Konversation machte. Dies wurde sogleich dem Kaiser in Wien hinterbracht. Der Herr Gemahl war ungehalten. Die politische Situation lasse es geraten erscheinen, schrieb ihr Franz, daß die Kaiserin von Österreich nicht mit einem russischen Adeligen Kontakte habe. Er bitte sie, nach Wien zurückzukehren. Maria Ludovica zeigte sich über den kaiserlichen Wunsch beglückt. »Ich freue mich auf den Augenblick, Dich wieder umarmen zu können«, antwortete sie fraulich-charmant, »da es schon bereits ein Monat ist, daß wir getrennt sind.«
Ob die Kaiserin in Teplitz auch Beethoven begegnete, der sich dort zur selben Zeit aufhielt, ist nicht eindeutig verbürgt. Am 10. August 1812 verließ sie Teplitz. Goethe verließ den Kurort einen Tag später. Die Kaiserin von Österreich und der größte Dichter deutscher Zunge haben einander nie wiedergesehen.

In Teplitz hatte Maria Ludovica die Politik Politik sein lassen. So behauptete sie wenigstens. Doch schon bald nach ihrer Rückkehr in die Kaiserstadt standen die weltpolitischen Zeitereignisse wieder im Mittelpunkt ihres Interesses.

Aus Rußland trafen zunächst Siegesmeldungen ein. Napoleon, der im Juni 1812 losgeschlagen hatte, war Mitte September in Moskau eingezogen. Aber seine Grande Armée war durch Krankheiten, Desertionen, Verlusten im Kampf und schlechte Versorgung in der Weite des russischen Raumes arg zusammengeschrumpft. Der Gegner war unbesiegt. Am 14. Oktober gab der sieggewohnte Feldherr den Befehl zum Rückzug. Im Dezember war er wieder in Paris, ohne Armee zwar, aber bei bester Gesundheit, wie er verlauten ließ. Er hatte eine schwere Niederlage erlitten, aber er gab sich nicht geschlagen. Innerhalb weniger Wochen stellte er eine neue Armee auf die Beine, und schon im Frühjahr 1813 marschierte er wieder los.

In Wien gingen die politischen Wogen hoch, prallten die Meinungen hart aufeinander. Sollte man sich in der neuerlichen kriegerischen Auseinandersetzung auf die Seite des mit Preußen verbündeten Zarenreiches schlagen oder zuwarten, lavieren, zwischen den Gegnern vermitteln?

Maria Ludovica mischte wie schon 1809 politisch kräftig mit. Sie nahm zunächst den Standpunkt ein, die Donaumonarchie möge den Gang der Ereignisse abwarten, bis die Gegner einander aufgerieben hätten. Sie rückte jedoch bald von dieser Auffassung ab und sprach sich mit der ihr eigenen Leidenschaftlichkeit für den Krieg gegen Napoleon aus. »Nur nicht mehr nachgeben, siegen oder sterben«, schrieb sie dem Kaiser geradezu kriegstrunken und fuhrt fort: »Wäre die eine Hälfte der Monarchie verloren, so müsse die andere ausharren, bis der Feind unterliege, mit Muth und Festigkeit erringen wir den Sieg.« Dieser martialische Ton hätte besser zu einem Feldherrn gepaßt als zu dieser klugen, gebildeten Frau. Aber die »Napoleonfresserin«, wie man sie mancherseits nannte, kannte in ihrem Haß auf den Franzosenkaiser keine Nachsicht. Schließlich fügte sich auch der lange Zeit um Frieden bemühte Kaiser unter ihrem und dann auch Metternichs Einfluß in das letztlich Unvermeidliche.

Maria Ludovica verfolgte die Kriegsereignisse mit größter persönlicher Anteilnahme. Sie stellte auch diesmal wieder fern vom Geschehen militärisch-strategische Überlegungen an, registrierte jedes kleine Gefecht auf einer Landkarte, besuchte Dankgottesdienste, betete für den Sieg der kaiserlichen Waffen und prophezeite mit unermüdlichem Eifer den Untergang Napoleons. Die Nachricht vom Erfolg der Alliierten über die französische Armee in der Völkerschlacht bei Leipzig erfüllte sie natürlich mit Freude. An den Kaiser, der sich bei den Truppen befand, schrieb sie: »Ich danke Gott, daß Du recht wohl bist, und da die Gefahr überstanden ist, so freut es mich herzlich, daß Du bei der Schlacht zugegen warst.« Napoleon erzwang sich den Rückzug nach Frankreich. Noch immer war er nicht endgültig geschlagen. Der Krieg ging weiter. An der Jahreswende 1813/14 drangen die alliierten Truppenverbände auf französisches Gebiet vor, Ende März 1814 zogen sie in Paris ein. Napoleon dankte ab und ging in die Verbannung nach Elba.

Der österreichische Kaiser betrat erst am 15. April den Boden der französischen Hauptstadt. Er war von Paris begeistert, wie aus Briefen Maria Ludovicas an ihn zu folgern ist. »Das Wasser kommt mir am Munde bei solcher Lesung«, schrieb sie ihm in ihrem fehlerhaften Deutsch, sie beneidete ihn um die herrlichen Kunstgegenstände, die er zu sehen bekam. Im übrigen machte sich die Kaiserin die größten Sorgen um Marie Louise. Würde sie Napoleon nach Elba folgen müssen? Es blieb ihr erspart. Der einflußreiche Metternich, der vom Kaiser 1813 in den erblichen Fürstenstand erhoben worden war, entschied, daß sie mit ihrem am 20. März 1811 geborenen Sohn in Österreich Aufenthalt nehmen solle. Kaiser Franz I. war mit dieser Entscheidung einverstanden.

Marie Louise kehrte in ihre Heimat zurück und wurde von der Bevölkerung mit Jubel empfangen. Die Kaiserin, die ihr eine Strecke Weges entgegenfuhr, schloß sie erleichtert in die Arme. Am 21. Mai 1814 langte die Gattin Napoleons in Schloß Schönbrunn an, das ihr als Aufenthaltsort zugewiesen worden war. Zum Familienglück fehlte nur noch der Kaiser. Er kehrte nach langer Abwesenheit am 16. Juni im Triumph in seine Haupt- und Residenzstadt zurück.

Mit Louises Sohn, dem kleinen Napoleon, wußte Maria Ludovica nur wenig anzufangen. Sie fand ihn zwar auffallend hübsch, sein Anblick erinnerte sie aber zu sehr an den verhaßten Vater. Wäre es nach ihr gegangen, hätte er, um nur ja keine politischen Probleme heraufzubeschwören, Priester werden müssen.

Vom September 1814 bis Juni 1815 war Wien, die Hauptstadt der Donaumonarchie, der Mittelpunkt der Welt. Es war die Zeit des Wiener Kongresses. Ziel des Kongresses, an dem Herrscher, Staatsmänner und Diplomaten aus den meisten Staaten Europas teilnahmen, war es, nach der Besiegung Napoleons die alte politische Ordnung wiederherzustellen.
Gastgeber waren der Kaiser und die Kaiserin von Österreich. Franz I. überließ die politischen Gespräche weitgehend seinem Staatskanzler Fürst Clemens Wenzel Lothar Metternich, der den Kongreßvorsitz innehatte. Er selbst begnügte sich mit der Rolle des fürstlichen Mäzens und des die Teilnehmer bespitzelnden Staatsoberhauptes. Was immer sich damals in Wien abspielte, Franz I. war darüber schon am nächsten Morgen durch die Konfidentenberichte exakt informiert, die ihm der Polizeipräsident, Baron Franz Hager, in die Hofburg schickte. Selbst die Kaiserin, die, soweit es ihre Gesundheit zuließ, die gesellschaftliche Seite des Kongresses bestritt, blieb davon nicht verschont. Ihre Briefe wurden von der Zensur durchgesehen und dem Kaiser in Abschrift vorgelegt.
Maria Ludovica bemühte sich nach besten Kräften, an den zahlreichen Festen und Veranstaltungen teilzunehmen, die Woche für Woche abrollten, und ihnen durch ihre Anwesenheit Gepräge und Glanz zu geben. Das scheint ihr im wesentlichen auch gelungen zu sein. Fürst Charles de Talleyrand, der Frankreich auf dem Kongreß vertrat, schrieb dem Bourbonenkönig Ludwig XVIII., der nun auf dem Thron saß: »Trotz des Hustens, der sie zwingt, öfter ihre Rede zu unterbrechen und ungeachtet ihrer Magerkeit hat diese Fürstin eine Gabe zu gefallen, und sozusagen die Anmuth einer Französin, wenn sich nicht dazu, allerdings nur dem streng prüfenden Auge bemerkbar, ein ganz geringer Anflug von Gesuchtheit gesellen würde.«
Die zarte, blaß aussehende Kaiserin, die tagsüber oft das Bett hüten mußte, mobilisierte alle ihre Energien, um auf Bällen und Redouten halbwegs frisch, fröhlich und heiter zu erscheinen. Sie nahm an Galaempfängen teil, an Theateraufführungen und Karussells und verschmähte es nicht einmal, bei einer Wildschweinjagd im Lainzer Tiergarten zugegen zu sein. Dort wurde sie allerdings wegen der großen

Hitze von Unwohlsein befallen. In ihren eigenen Räumen in der Hofburg veranstaltete sie Feste und organisierte anregendes Laientheater.

An den politischen Gesprächen und Entscheidungen, die vom Kongreß gefällt wurden, nahm sie nicht teil. Offenbar versuchte sie auch nicht, hinter den Kulissen Einfluß zu üben. Ihre politischen Leidenschaften flammten erst wieder mit Heftigkeit auf, als Napoleon sein Exil auf der Insel Elba verließ und einen letzten Versuch machte, das Steuer noch einmal zu seinen Gunsten herumzureißen. Rasch entschlossen begleitete sie den Gemahl bis nach Heilbronn auf dem Weg zum Kriegsschauplatz. Mitte Juni war sie dann wieder in Wien. Ungefähr eine Woche später verlor Napoleon bei Waterloo, 15 km südlich von Brüssel, seine letzte Schlacht. Die Nachricht davon erfüllte sie mit Genugtuung. Sogleich fuhr sie nach Baden, um sie an Marie Louise weiterzugeben, die sich dort aufhielt. Maria Ludovicas ganzes Sinnen und Trachten war darauf ausgerichtet, Frankreich und den revolutionären Geist, der ihrer Meinung nach von diesem Land ausging, endgültig in die Schranken zu weisen. »Denn es heißt jetzt Frankreich beschränken, den Geist ketten oder durch ihn Alle zu Grunde gehen, hier ist kein Mittelweg«, formulierte sie so eindeutig wie immer und so ungeschickt wie eh und je.

Ihre Blicke hielt sie auf Paris gerichtet. Sie wollte die Stadt mit eigenen Augen sehen und trug sich mit der festen Absicht, sie aufzusuchen. Der Kaiser widerriet es ihr. Enttäuscht bat sie ihn, ihr wenigstens die neuesten Modejournale zu schicken und ihr Strümpfe und Schnupftücher zu besorgen. »Aber frage eher, wie viel es kostet«, schrieb sie dem Gemahl. Mehr als ein paar hundert Gulden guten Geldes sei sie nicht imstande dafür zu verwenden, fügte sie hinzu. Kaiserin Maria Ludovica war sparsam.

Da die Reise nach Paris nicht zustande kam, unternahm das österreichische Kaiserpaar im Herbst 1815 eine Fahrt nach Italien. Maria Ludovica wollte ihre italienische Heimat wiedersehen, der Kaiser das am Wiener Kongreß neugeschaffene Königreich Lombardo-Venetien besuchen, das ihm zugesprochen worden war. Von Innsbruck aus, wo sie einander trafen, ging die Reise über Bozen, Trient und Treviso

nach Triest, wo Kaiser und Kaiserin am Allerheiligentag 1815 einzogen und mit Jubel empfangen wurden.
»Das Wetter war prächtig«, berichtete Maria Ludovica darüber, »mehr als 600 Barken kamen uns entgegen, die Fenster der Häuser waren alle voll von Menschen, die ihre Befriedigung ausdrückten. Wir fuhren durch die Kanäle und stiegen auf der Piazetta aus, von da gieng es zu Fuß in die Marcuskirche und von da wieder zu Fuß in die Procurazien, wo wir wohnen; die ganze Piazza war voll von Menschen und vom Balcon aus war's ein herrlicher Anblick; alle waren bezaubert, ich wäre viel lieber in einem Grab gelegen, dort hätt' ich doch Ruhe gehabt; ich glaubte zu sterben, als ich gehen, die Stufen zur Kirche hinaufschreiten musste … alle sind ganz glücklich, hier zu sein; ich wünschte mir nur ein Lager darauf zu ruhen; ich fühle, dass meine Kräfte zu Ende sind.«
Maria Ludovica wurde von Brustweh und Husten quält, das Sprechen bereitete ihr größte Mühe. Die Kaiserin war todkrank. Sie erholte sich dann doch wieder ein wenig und blieb auf Anraten ihrer Ärzte länger in der Lagunenstadt als geplant.
Der nächste Empfang des Kaiserpaares war in Mailand, der Hauptstadt der Lombardei, vorgesehen. Auf der Fahrt dorthin verbrachte Maria Ludovica die Weihnachtsfeiertage in Mantua. Es waren die letzten ihres jungen Lebens.
Mailand bereitete dem Kaiser und der Kaiserin von Österreich einen glanzvollen Empfang. Nach einem feierlichen Gottesdienst im Dom ging es zum Palazzo reale, in dem Maria Ludovica einen Großteil ihrer Kindheit verbracht hatte. Was mag sie gefühlt haben, welche Erinnerungen mögen in ihr wach geworden sein, als sie nun, zwanzig Jahre später, die Räume des Palastes durchschritt? Sie hat es niemandem mitgeteilt, auch nicht der Mutter, mit der sie in ihren Briefen so oft Zwiesprache hielt. Maria Beatrix gesellte sich dann bald zu ihr, ihr ältester Bruder wurde als Herzog von Modena wieder in das großväterliche Erbe eingesetzt. Das verschaffte ihr Genugtuung.
Sechs Wochen dauerte der Aufenthalt in Mailand, dann wurde die Reise fortgesetzt. Über Pavia, Bergamo und Brescia ging die Fahrt nach Verona. Maria Ludovicas Gesundheitszustand verschlechterte

sich von Tag zu Tag. In Verona bricht die Kaiserin, die ihr schweres Leiden mit großer Willensstärke immer wieder niedergekämpft hat, endgültig zusammen. Am 28. März 1816 wird sie mit den Sterbesakramenten versehen, tags darauf scheint ihr Ende gekommen zu sein. Doch noch einmal bäumt sich der todkranke Körper gegen den nahenden Tod auf. Anfang April hat sich Maria Ludovica wieder so erholt, daß der Kaiser nach Viacenza abreist, um eine Truppenbesichtigung vorzunehmen.

Auch die Stieftochter der Kaiserin, Marie Louise, befand sich seit einiger Zeit in Verona. Sie hatte auf dem Weg in das Herzogtum Parma, das ihr vom Wiener Kongreß als Herrschaftsgebiet zugewiesen worden war, wegen des schlechten Gesundheitszustandes der Kaiserin hier haltgemacht. Ihr verdanken wir ein paar Mitteilungen über die letzten Tage der Kaiserin. Die gesundheitliche Besserung war, wie vorauszusehen, nur von ganz kurzer Dauer. Am 14. April 1816 schrieb Marie Louise ihrem Vater: »Die liebe Mama hat eine sehr unruhige Nacht gehabt mit vielem Husten und Auswurf und ohne den mindesten Schlaf, auch der ganze Vormittag war eben so, aber ohne Nervenzustände. Ich habe sie noch nie so traurig und melancholisch gesehen, sie redet beständig mit den Ärzten über die Bedenklichkeit ihres Zustandes und fragt sie immer, ob sie glauben, daß sie aufkommen könnte.«

Der Kaiser eilte an das Krankenlager seiner Gattin zurück. Es gab keine Rettung mehr. Am 7. April 1816 schied Maria Ludovica aus dem Leben, noch keine dreißig Jahre alt. Sie hatte ausgelitten.

Der Leichnam der Kaiserin wurde nach der Einsegnung in einem prunkvollen Katafalk nach Wien übergeführt und am 28. April in der Kapuzinergruft beigesetzt.

Johann Wolfgang von Goethe beklagte den Tod Maria Ludovicas zutiefst. »Der Tod der Kaiserin von Österreich versetzte mich in einen Zustand, dessen Nachgefühl mich niemals verließ«, notierte er.

Der Kaiser kehrte erst am 28. Juli 1816 von Italien in seine Haupt- und Residenzstadt zurück. Noch im Todesjahr seiner dritten Gemahlin heiratete er ein viertes und letztes Mal.

Kaiserin Karoline Auguste

Die kaiserliche Hausfrau

4. Gemahlin Kaiser Franz' I.
Geboren am 8. Februar, 1792 in Mannheim
Heirat am 10. November 1816 in Wien
Gestorben am 9. Februar 1873 in Wien

Die vierte Gemahlin Kaiser Franz' I. war eine Wittelsbacherin. Karoline Auguste, die vor ihrer Verehelichung mit dem österreichischen Kaiser den Namen Charlotte Augusta führte, war das vierte Kind des späteren Königs von Bayern, Maximilian Josef, aus seiner ersten Ehe mit Wilhelmine Auguste von Hessen-Darmstadt. Als sie 1792 zur Welt kam, war der Vater ein landloser Flüchtling und weit davon entfernt, als Regent in irgendeinem Land irgendeine Rolle zu spielen.

Der zweite Sohn des Pfalzgrafen Friedrich Michael von Birkenfeld-Zweibrücken aus einer wittelsbachischen Nebenlinie hatte als königlich-französischer Oberst in Straßburg das Regiment »Alsace« befehligt, das 1789, gleich nach Beginn der Französischen Revolution, zu den Aufständischen übergelaufen war. Der lebenslustige, im Geist der französischen Aufklärung erzogene und freimaurerisch gesinnte Offizier mußte mit seiner Familie die Flucht ergreifen. Er floh ostwärts über den Rhein, zunächst nach Darmstadt, später nach Mannheim und nach Rohrbach bei Heidelberg.

Die kleine Charlotte bekam das familiäre Emigrantenschicksal früh zu spüren. Ob es sie charakterlich geprägt hat? Immerhin schlugen 1794 bei der Beschießung Mannheims durch die Franzosen siebzehn Granaten in das Haus des Pfalzgrafen ein, eine davon in allernächster Nähe der Stelle, wo sich die Familie aufhielt, wobei die Mutter und das zweijährige Kind wie durch ein Wunder unverletzt blieben.

Die Blatternerkrankung, von der das kleine Mädchen im selben Jahr befallen wurde, hinterließ freilich lebenslange Spuren: häßliche, entstellende Narben. Seelische Verwundungen hat wahrscheinlich der Tod der Mutter in ihr zurückgelassen. Wilhelmine Auguste, eine kunstliebende, geistig interessierte Frau, war lungenkrank. Sie erlag 1796, mit 31 Jahren, ihrem Leiden. Ein Jahr später heiratete der Vater wieder. Die Stiefmutter, Prinzessin Karoline von Baden, nahm sich ihrer Stiefkinder fürsorglich an. Aber es kamen bald eigene Kinder hinzu, acht an der Zahl, die zwischen 1799 und 1810 geboren wurden. Unter ihnen auch eine Prinzessin, die in der österreichischen Geschichte noch eine große Rolle spielen sollte: Sophie, die nachmalige Mutter Kaiser Franz Josephs. Als sie 1805 in München zur Welt kam,

war ihre Stiefschwester Karoline Auguste, wie sie später genannt wurde, dreizehn Jahre alt. Am Münchener Königshof werden die beiden Kinder miteinander wohl kaum einen engeren Kontakt gehabt haben. Der Altersunterschied war zu groß, und beide lebten nur drei Jahre Seite an Seite in der königlichen Familie. Jahrzehnte später jedoch sahen sie einander wieder, wohnten sie in der Wiener Hofburg sozusagen Tür an Tür. Karoline Auguste als Kaiserin, Sophie als Mutter eines angehenden Kaisers. Ein reibungsloses Verhältnis war es nicht. Die kleine Auguste, die als braves und gutes Kind beschrieben wird, die »nicht hübsch war, aber umso drolliger und netter«, verkraftete den pädagogischen Übergang von der Hand der Mutter in die Obhut der Stiefmutter offenbar recht gut – zum Unterschied von ihrem Bruder Ludwig, den späteren König Ludwig I., der gegen die stiefmütterliche Betreuung des öfteren aufbegehrte.
Die Kinder erhielten schon bald nach der Wiederverheiratung des Vaters in der Person des Religionslehrers, Joseph Anton Sambuga, den noch die leibliche Mutter ausgewählt hatte, einen neuen Erzieher. Seine Bestellung war für die Charakterbildung und die geistige Entwicklung Karoline Augustes von entscheidender Bedeutung. Der gebildete Geistliche, Sohn eines italienischen Einwanderers aus Como, war ein kluger, einfühlsamer Pädagoge. Er übte auf das heranwachsende Mädchen einen großen Einfluß aus, lehrte es, nach den Geboten des Christentums zu leben, zu denken und zu handeln. Die tiefe Religiosität, die Frömmigkeit und das ausgeprägte karitative Empfinden und Wirken der späteren Kaiserin sind auf seinen Einfluß zurückzuführen. Selbstverständlich lernte Karoline Auguste auch Fremdsprachen (Französisch, Italienisch) und erhielt Musik-, Tanz- und Malunterricht. Besonders für Zeichnen und Malen zeigte sie Talent und Interesse. Der Vater, der nicht allzuviel auf Religion hielt, übte sich in Toleranz. Er ließ Sambuga schalten und walten.

Im Jahre 1799 erfuhr das Leben Maximilian Josephs und seiner Familie eine grundlegende Veränderung. Am 16. Februar starb in München sein Onkel Kurfürst Karl Theodor von Bayern an einem Herzschlag. Da Karl Theodor keine leiblichen Nachkommen hatte

– ein Kind aus erster Ehe war nach der Geburt gestorben, die zweite Ehe kinderlos geblieben –, trat Maximilian Joseph die Nachfolge an.
Der neue Kurfürst hielt am 12. März 1799 mit Frau und Kindern seinen glanzvollen Einzug in München. Aus einem leidgeprüften Emigranten wurde über Nacht ein Landesfürst, Karl Theodor war nicht beliebt gewesen. Dementsprechend groß war die Freude über den neuen Landesherrn. »Weilsd nur grad da bist, Max«, rief ihm einer seiner Untertanen aus dem Spalier zu, als die Kutsche mit dem neuen Kurfürsten an ihm vorbeifuhr, und gab damit der allgemeinen Stimmung Ausdruck.
In Frankreich, dem Land, mit dem sich Maximilian Joseph verbunden fühlte, schätzte man ihn anders ein. Ein in München lebender französischer Diplomat beurteilte ihn in einem Brief an Außenminister Charles de Talleyrand ausgesprochen negativ. »Der neue Kurfürst wird wenig geeignet sein, die Schwierigkeiten seiner Stellung zu meistern«, urteilte er und setzte fort: »Sie wissen, daß er in bezug auf Charakter und Talent eine Null ist. Er wird aber einen verabscheuten Fürst ersetzen und, wenn man seine ersten Schritte richtig lenkt, wird man aus der durch seine Berufung zu erwartenden Begeisterung große Vorteile ziehen können. Ich sage Begeisterung, weil der Herzog von Zweibrücken von den Baiern tatsächlich angebetet wird. Ohne Geist, ohne Gewandtheit, aber ziemlich gutmütig, hat es dieser Fürst verstanden, sich mit einer ungeheuren Popularität zu umgeben …«
Das war nun freilich ein ausgesprochenes einseitiges Urteil. Maximilian Joseph besaß einen sicheren politischen Instinkt, und in den unruhigen Zeiten, in denen sein Herrscherleben ablief, mußte er ihn auch geschickt einsetzen. Er war persönlich äußerst charmant und verband mit dem hochentwickelten Selbstbewußtsein des Fürsten eine ungezwungene, vom Herzen kommende Kontaktfreudigkeit. Intelligent und mit einem gesunden Menschenverstand ausgestattet, war er jedoch in den Staatsgeschäften und in der Diplomatie wenig bewandert und nicht gerade das, was man einen Staatsmann nennt. Aber er wählte seine Ratgeber klug aus und vertraute bei seinen Überlegungen und

Entschlüssen ganz auf seinen leitenden Minister, den gebildeten, franzosenfreundlichen Grafen Maximilian Joseph Montgelas.
Karoline Auguste erlebte am Kurfürstenhof in München die Wechselfälle der Politik der Zeit. Standen beim Einzug des Vaters österreichische Truppen im verbündeten Bayern, so hieß es schon bald wieder von der Residenzstadt Abschied zu nehmen. Die französische Armee zog in München ein. Die Flucht ging über Landshut und Straubing in das Kloster Waldsassen.
Der Kurfürst vollzieht nun einen politischen Schwenk. Er schließt gegen den Willen seiner Gemahlin, des Kronprinzen und seiner Tochter Karoline Auguste im September 1805 mit Napoleon einen Schutz-und-Trutz-Vertrag. Der Kaiser in Wien ist darüber verbittert, die österreichische Armee zieht in München ein, das Maximilian Joseph bereits wieder verlassen hat. Aber der Kurfürst hat auf das richtige Pferd gesetzt. Der Franzosenkaiser bleibt auch in diesem Waffengang gegen die Allianz aus Großbritannien, Rußland und Österreich siegreich. Im Frieden von Preßburg werden ihm Tirol, Vorarlberg sowie die Bistümer Brixen, Trient, Eichstätt, Passau und die Reichsstädte Augsburg und Lindau zugesprochen. Am Neujahrstag des Jahres 1806 verkünden Herolde in den Straßen von München hoch zu Roß, im blauen Wappenrock und mit weißblauen Straußenfedern auf dem Barett, die Erhebung Bayerns zum Königreich. Aus dem Kurfürsten Maximilian IV. Joseph ist König Maximilian I. Joseph geworden. Der bayerische König verdankt seine neue Würde dem Kaiser der Franzosen, auch wenn man das offiziell anders darzustellen versucht. Niemand weiß das besser als er selbst. Aber diese neue Würde hat natürlich einen Preis, einen unangenehm politischen und einen schmerzlich familiären. Bayern muß dem Rheinbund beitreten, der Konföderation 16 deutscher Fürsten unter französischem Protektorat, und sich verpflichten, an allen festländischen Kriegen Frankreichs mit einem Truppenkontingent von 30 000 Mann teilzunehmen.
Napoleon wollte Bayern aber nicht nur politisch an sich binden, sondern es auch durch familiäre Bande an sich ketten. Er drängte mit großer Entschiedenheit auf eine Heirat seines Stiefsohnes Eugéne Beauharnais mit Auguste, der ältesten Tochter Maximilian Josephs.

Auguste sträubte sich mit Klauen und Zähnen gegen die geplante Verbindung, schmollte, fiel in »langanhaltende Ohnmachten«. Es war vergeblich. Sie mußte sich fügen. Am 14. Februar 1806 wurde in München Hochzeit gefeiert. Napoleon, der der Zeremonie persönlich beiwohnte, war in ausgelassener Stimmung, zeigte sich von seiner besten Seite.

Die Ehe zwischen dem Vizekönig von Italien und der bayerischen Königstochter erwies sich im übrigen als sehr harmonisch und glücklich. Karoline Auguste war nun vierzehn Jahre alt. Aber schon wurden auch für sie Heiratspläne geschmiedet. Der kaiserliche Ehestifter in Paris dachte an eine Verehelichung mit dem Prinzen von Asturien, dem Thronfolger Spaniens. Aber er ließ diesen Plan dann doch wieder fallen. Als nächster Kandidat um die Hand Karoline Augustes trat der Kronprinz Wilhelm von Württemberg auf, der durch eine Heirat mit ihr einer Ehe, die ihm von Napoleon aufgezwungen wurde, zuvorkommen wollte. Württemberg, wie Bayern zum Königreich erhoben, konnte sich den dynastisch-ehepolitischen Wünschen des Kaisers der Franzosen ebenfalls nur schwer entziehen.

Napoleon gab zum Plan des württembergischen Kronprinzen seine Zustimmung, die beiden Väter hatten keine Einwände, und auch die 16jährige Prinzessin, die als bescheiden, vornehm, sympathisch, klug und religiös beschrieben wird, fügte sich willenlos der Entscheidung. Sie hatte nur eine einzige Sorge, eine quälende Befürchtung: der Kronprinz könnte sie wegen ihres entstellten Gesichtes abstoßend finden. Die kleine Braut litt unter ihrem unansehnlichen Äußeren. Als sie ihre Besorgnis beim ersten Zusammentreffen mit ihrem zukünftigen Gemahl äußerte, sagte Wilhelm, das sei für ihn ohne Belang. Die Realität sah dann allerdings anders aus.

Nach dem üblichen höfischen Zeremoniell fand nunmehr die offizielle Werbung des Bräutigams um die Hand der Braut statt, schwierige vermögensrechtliche Verhandlungen mündeten in einen Ehekontrakt. Die Trauung wurde am 8. April 1808 in der Grünen Galerie des königlichen Schlosses in München nach evangelischem und katholischem Ritus vollzogen. Die Kirchenglocken in der ganzen Stadt wurden geläutet, Kanonenschüsse abgefeuert.

Der Bräutigam verhielt sich während der Hochzeitszeremonie eiskalt, seine Miene drückte Gleichgültigkeit aus. Das erste, was er zu seiner Gattin danach auf französisch sagte, waren die vielsagenden Worte: »Wir sind Opfer der Politik.«
Nach außen hin wurde der Schein gewahrt. Am Tag der Trauung gab es im Hoftheater bei freiem Eintritt eine Galavorstellung, nach deren Ende das Brautpaar die Glückwünsche zahlreicher Gratulanten entgegennahm. Im Park des Nymphenburger Schlosses unternahm das frisch vermählte Paar einige Tage später bei einer prächtigen Festbeleuchtung in reichgeschmückten Gondeln eine Fahrt auf dem See.
Bei der Abreise des Ehepaares aus München ging es dann wieder prosaischer zu. Der Gemahl lehnte es ab, in der Kutsche seiner Frau Platz zu nehmen. Es war ein Akt mit Symbolcharakter, den die Stiefmutter mit Mißvergnügen registrierte. »Das war wieder eine Erschütterung«, bemerkte sie, »Charlottes Mann ist von eisiger Kälte. Ich begreife, daß er nicht verliebt sein kann. Warum hat er sie aber geheiratet, wenn er sich ihr nicht einmal nähern will. Das ist buchstäblich wahr. Er hat ihr noch nicht einmal die Hand gegeben – von Umarmung ganz zu schweigen. Es war völlig unnötig, daß ich am Mittwoch Blut und Wasser geschwitzt habe, weil ihr die Andlau das Erforderliche absolut nicht sagen wollte und mich zwang, es ihr beizubringen, aber verschleiert. Es war nämlich unmöglich, klar zu reden, weil die Andlau dabei war. Ich zwang sie, fortzufahren, nachdem Charlotte im Bett war, weil sie in völliger Unkenntnis gewesen ist. Wir machten ihr durch unsere Erklärungen derartig Angst, daß sie entzückt ist, daß der Prinz noch nicht bei ihr geschlafen hat ... Da sie keinerlei Neigung für den Prinzen hat, wird sie lange Zeit nichts anderes als Aufmerksamkeiten wünschen. Ich habe ihr empfohlen, gegen ihn sanft und freundlich zu sein. Es wird nötig sein, daß er sein Benehmen einmal ändert. Ich habe es ihm beim Abschied sehr empfohlen ...«
Der junge Ehemann schlug den Rat in den Wind. Er ging seine eigenen Wege, er mied seine Gattin. Die Ehe wurde nicht vollzogen. Karoline Auguste wurde in Stuttgart in einem Flügel des königlichen Schlosses untergebracht, der von den Gemächern des Gemahls so weit entfernt lag, daß man möglichst nicht zusammentraf. Das Kron-

prinzenpaar sah einander nur bei Tisch. Wilhelm sprach mit seiner Gemahlin lediglich das Allernotwendigste, behandelte sie ungalant, zuweilen sogar verletzend.

Für die junge, lebensunerfahrene Karoline Auguste war dieses Verhalten eine schwere Prüfung, eine seelische Belastung, die innere Konflikte heraufbeschwor, sie in mancher Stunde in Verzweiflung stürzte. Sie fand Trost bei der oben erwähnten Freifrau Camilla Andlau, ihrer Obersthofmeisterin, ihrem Beichtvater, Sebastian Franz Job, der sie seelsorgerisch betreute, und in der Korrespondenz mit ihrem Lieblingsbruder Ludwig. Ihm vertraute sie sich brieflich voll an, ihm teilte sie alle ihre Sorgen und Nöte mit.

Um sich die Zeit zu vertreiben, frischte sie ihre Italienischkenntnisse auf, lernte Englisch, machte Spaziergänge, las Goethe und andere zeitgenössische Schriftsteller und ging ihrer Lieblingsbeschäftigung, dem Malen, nach. Ab und zu fuhr sie nach München, um ihre Eltern zu besuchen, im Sommer 1811 reiste sie nach Salzburg, wo Ludwig, der inzwischen geheiratet hatte, residierte. Die schöne Stadt an der Salzach wuchs ihr sogleich ans Herz. Salzburg blieb ihre Lieblingsstadt.

Karoline Augustes Ehe, die keine war, war eng mit dem Schicksal Napoleons verknüpft. Als der sieggewohnte Feldherr und zeitweilige Beherrscher Europas von seinem usurpierten Thron gestürzt wurde und keine Gefahr mehr von ihm drohte, sah auch Kronprinz Wilhelm von Württemberg seine Stunde gekommen. Er unternahm unverzüglich Schritte, um sich von seiner ungeliebten Gattin zu trennen. Tatsächlich wurde die Ehe von einem vom württembergischen König eingesetzten evangelischen Konsistorium am 31. August 1814 für null und nichtig erklärt. Karoline Auguste wurde finanziell großzügig entschädigt, verließ Stuttgart und wurde von einer Tante, die in Neuberg an der Donau domizilierte, liebevoll aufgenommen, ehe sie sich in Würzburg niederließ. Eine sechsjährige Leidenszeit war zu Ende.

In ihrem jugendlichen Ehedrama war das letzte Wort allerdings noch nicht gesprochen. Um wieder frei und ungebunden zu sein, mußte auch die katholische Kirche ihre Verbindung annullieren. Nach einer langwierigen Prozedur entband sie auf ihr Ersuchen Papst Pius VII.

am 12. Januar 1816 von ihrem Ehegelöbnis. Der Weg für eine eventuelle neue Ehe war frei.

Schon bald nach dem Tod der dritten Gemahlin des Kaisers dachte man in Wien über eine neuerliche Heirat des Monarchen nach. Es war Fürst Metternich, der aus staatspolitischen Erwägungen, zunächst eigenmächtig, später mit Zustimmung seines Herrn und Gebieters, den Stein ins Rollen brachte. Metternich dachte offenbar sogleich an eine bayerische Hochzeit. Noch am Todestag Maria Ludovicas schrieb er dem österreichischen Gesandten in München, Freiherrn Karl von Hruby: »Der Kaiser ist wohlauf trotz des tiefen Schmerzes, den er empfindet, und wir schmeicheln uns, daß dieses Unglück seine Gesundheit nicht beeinträchtigen werde.«
Aber auch am bayerischen Königshof beschäftigte man sich eifrig mit dem Gedanken einer Wiederverheiratung der so schmählich behandelten, gedemütigten Prinzessin. Es war vor allem der Kronprinz, der sich darum bemühte. Ludwig führte ohne Wissen seines Vaters diesbezügliche Gespräche mit dem Bruder des Kaisers, dem Großherzog Ferdinand von Toskana, der schon lange Zeit verwitwet war, sich aber nun doch wieder zu verheiraten gedachte. Karoline Auguste war darüber informiert. Man versicherte sich der gegenseitigen Achtung und Sympathie. Ferdinand setzte auch den kaiserlichen Bruder von seinen Eheplänen in Kenntnis. Fürst Clemens Lothar Metternich ließ sich in seinen Absichten jedoch nicht beirren. Er setzte weiterhin auf die bayerische Heiratskarte. Karl Hruby verhandelte in München mit dem König und dessen intimsten Ratgeber, dem Grafen Montgelas. Geschickt und sorgfältig sondierte er insgeheim das Terrain.
Es war eine seltsam verzwickte Situation. Zwei Brüder, der Kaiser von Österreich und der Großherzog der Toskana, bewarben sich um die Hand derselben Frau, traten inoffiziell um ihre Gunst in Konkurrenz. Der Vater der Umworbenen wußte allerdings nur vom Interesse des Kaisers für seine Tochter. Der Kronprinz hatte ihm ja seine eigenmächtigen Schritte in der ganzen Angelegenheit verheimlicht. Als Maximilian Joseph davon erfuhr, verpaßte er dem Sohn eine gehörige Kopfwäsche.

Da war aber auch noch die Betroffene selbst, Karoline Auguste. Sie mußte sich für einen der beiden Bewerber entscheiden. »Sie werden in schöner Verlegenheit sein, meine arme Charlotte«, schrieb ihr die Stiefmutter, »Ich kann mich in Ihre Lage hineindenken. Falls Sie aber keine wahre Neigung für den Großherzog haben, meine ich, Sie könnten auch mit dem anderen sehr glücklich sein, und es scheint mir, Ihr Vater wäre es, falls Sie diese Wahl trafen. Im übrigen überläßt auch er Ihnen die Entscheidung. Ihr Glück geht ihm allem anderen vor ... Möge Sie Gott leiten und Sie in dem einen oder anderen Falle so glücklich machen, wie ich es wünsche.«

Karoline Auguste entschied sich, wohl auch aus staatspolitischen Überlegungen, die ihr von Metternich und Montgelas nahegelegt wurden, für den Kaiser. Der Großherzog, der freiwillig-unfreiwillig seine Bewerbung zurückgezogen hatte, hatte ihr die Entscheidung erleichtert.

Man schrieb Anfang August 1816. Die Würfel waren gefallen. Die Verhandlungen zwischen Wien und München, die bislang der Öffentlichkeit verborgen geblieben waren, wurden zielgerichtet intensiviert. Am 7. September 1816 schickte der Kaiser von Metternich entworfene vertrauliche Werbebriefe an den Brautvater und die Braut ab. Karoline Auguste antwortete ihm mit zarter, feinfühliger Feder.

Inzwischen war die Angelegenheit auch publik geworden. Die Zeitungen berichteten darüber, in München und in Wien war die bevorstehende Heirat Stadtgespräch. König Maximilian Joseph war überglücklich. Zwischen dem Brautpaar, dem 48jährigen Kaiser von Österreich und der 24jährigen Prinzessin aus Bayern, die einander aber bereits gesehen hatten, wurden Porträts ausgetauscht. Die Hochzeitsvorbereitungen wurden mit Nachdruck geführt, jede Kleinigkeit bis ins Detail exakt besprochen und geregelt. Der Ehevertrag wurde Anfang Oktober fertiggestellt und unterzeichnet. Der Hochzeit stand nichts mehr im Wege.

Die Feierlichkeiten, die damit verbunden waren, nahmen am 27. Oktober 1816 in München ihren Anfang. An diesem Tag zog der kaiserliche Botschafter, Fürst Joseph Johann Schwarzenberg, mit seinem

Gefolge glanzvoll in die Stadt ein. Er wurde streng nach Protokoll in der königlichen Residenz von Maximilian Joseph, seiner Familie und seinen Ministern empfangen und übergab nach einer kurzen Ansprache dem Monarchen das kaiserliche Anwerbungsschreiben. Nun wurde die Braut mit ihrem Hofstaat in den Audienzsaal gebeten. Karoline Auguste, auf die Szene wohl vorbereitet, erwiderte in einer knappen Ansprache, daß sie den Heiratsantrag des Kaisers gerne annehme. Nach dem Austausch weiterer Höflichkeitsfloskeln war die Zeremonie beendet. Dem Zeremoniell war Genüge getan, die offizielle Werbung beendet.

Am folgenden Tag verzichtete Karoline Auguste in einem Renunziationsakt feierlich auf ihre Ansprüche auf Bayern, am 29. Oktober fand in der Hofkapelle die Trauung per procurationem statt, bei der der bayerische Kronprinz den Kaiser als Bräutigam vertrat. Anschließend begab sich die Braut mit ihren Eltern in den Herkulessaal der Residenz, wo die neue Kaiserin von Österreich die Glückwünsche der Hofgesellschaft und des diplomatischen Korps entgegennahm. Ein Festbankett und eine Illumination der Stadt, die Karoline Auguste im Krönungswagen ihres Vaters bewunderte, beschlossen den ereignisreichen Tag.

Bis zum Abschied der Kaiserin von München und ihrer Abreise nach Wien wurde weiter ausgiebig gefeiert. Ein Fest folgte dem anderen. Es gab Jagden, Diners und Soupers, Theaterveranstaltungen und Konzerte. Dann mußte Karoline Auguste ihren Eltern und Geschwistern adieu sagen. Es fiel ihr nicht leicht. Wieder trat das höfische Protokoll in Aktion. Jeder Schritt, jede Geste, jede Bewegung war genau programmiert. Nichts blieb dem Zufall überlassen.

Die Reiseroute führte von München über Alt-Ötting nach Braunau am Inn, wo die Übergabe der Braut erfolgte. Sie fand in einem eigens für diesen Zweck adaptierten Haus am Stadtplatz statt und verlief ganz nach Plan. Karoline Auguste bewies dabei Anstand und Würde. Ihr Aussehen beurteilte Fürst Schwarzenberg in einem vertraulichen Brief an Metternich so: »Unsere Kaiserin ist zwar nicht schön, allein nichts weniger als unangenehm, einen schönen Wuchs, Annehmlichkeit und Liebenswürdigkeit kann man ihr nicht absprechen …«

Nach dem Ende der Übergabezeremonie setzte sich der Hochzeitszug, der aus einer Kolonne von 97 Wagen mit 429 Zug- und Reitpferden bestand, in Richtung Wien in Bewegung. In allen Städten und Ortschaften, durch die er führte, waren Triumphbögen errichtet worden, die Bevölkerung stand Spalier und brachte Hochrufe auf die neue Landesmutter aus. Über Ried, Enns und St. Pölten, wo jeweils das Nachtlager aufgeschlagen wurde, erreichte die Kaiserin am frühen Nachmittag des 9. November 1816 Schönbrunn und wurde dort vom Gemahl inmitten der gesamten Familie willkommen geheißen. Am nächsten Tag zog Karoline Auguste in einer achtspännigen Prunkkarosse unter Kanonendonner und dem Geläute der Kirchenglocken in die kaiserliche Residenzstadt ein. Dem Brautwagen folgten die sechsspännigen Hofwagen mit der Obersthofmeisterin, den Palastdamen und Kämmerern mit ihrer jeweils vor und neben dem Wagen gehenden Dienerschaft. Trompeter zu Pferd, Hoffouriere und Edelknaben, die Trabantenleibgarde, Grenadiere und Kürassiere begleiteten den Zug, der sich durch die Kärntner Straße, über den Graben, Kohlmarkt, Michaeler- und Josefsplatz zur Augustinerkirche bewegte. In der Pfarrkirche des Kaiserhofes wurde der feierliche Trauungsakt von München nachvollzogen, diesmal mit dem Bräutigam persönlich. Nach der Trauung gab es in der Hofburg das übliche protokollarische Zeremoniell: die Audienz der Botschafter und Gesandten, die Vorstellung des Hofstaates, das öffentliche Diner im Redoutensaal. Große Festveranstaltungen nach der Hochzeit wie in München gab es in Wien nicht. Der Kaiser übte sich – wie stets – in Sparsamkeit.

Die Befürchtung Karoline Augustes, auch in ihrer zweiten Ehe »tief unglücklich zu werden«, erfüllten sich zum Glück für sie nicht. Der große Altersunterschied zwischen den Ehepartnern spielte offenbar keine Rolle. Der Kaiser behandelte sie mit Takt, nannte sie sein »liebes Weib«, seine »häusliche Perle«, seinen »Engel des Hauses«. Für den wortkargen, nüchternen Monarchen waren das geradezu Herzensergüsse.

Karoline Auguste erfüllte seine Vorstellungen von weiblicher, häuslich ungezwungener Einfachheit. Jedwedem Prunk abhold, hausmüt-

terlich, schlicht und einfach in ihrer Lebensführung, gütig, natürlich und selbstlos, paßte sie ganz und gar zum Naturell des Kaisers, fügte sie sich mühelos in den biedermeierlichen Lebensstil am Wiener Kaiserhof ein. Anfänglich von Selbstzweifeln geplagt, ob sie wohl imstande sein werde, die vielen Pflichten ihres hohen Amtes wahrzunehmen, fühlte sie sich in ihrer neuen Umgebung bald heimisch. »Ich glaube dir schon geschrieben zu haben, daß ich einem zufriedenen Leben entgegensehe«, teilte sie ihrem Bruder Ludwig zwei Wochen nach der Eheschließung mit. »Ich finde in des Kaisers Charakter manche Ähnlichkeit mit dem deinigen und da er's ist, trägt beynah noch mehr zu meinem Glücke bey, als die unbeschreibliche Güte mit welcher er mich behandelt ...«
Die junge Kaiserin widmete sich im familiären Bereich ganz der Aufgabe, ihrem Gemahl zu Diensten zu sein. Sie stellte ihre eigene Person völlig in den Hintergrund, war nur für ihn da, ging in der Obsorge für ihn auf. Karoline Auguste kümmerte sich buchstäblich um alles, was den geliebten Gemahl betraf, von der Gesundheit bis zur Garderobe. Sie stopfte ihm ab und zu sogar ein Loch im Rock. Sie versuchte, ihm den Alltag zu erleichtern, Verdrießlichkeiten von ihm fernzuhalten, ihn aufzuheitern. Und dem Kaiser behagte es ungemein, so gewissenhaft und umfassend umsorgt zu werden. Er dankte es seiner Gattin mit kleinen Aufmerksamkeiten und Geschenken.
Karoline Auguste vergötterte den Kaiser. Sie liebte ihren »besten Schatz«, ihr »Herzensmännchen« mit großer Innigkeit. Jede Trennung von ihm schmerzte sie. Es verging dann kaum ein Tag, an dem sie ihm nicht ein paar Zeilen schrieb, ihre Liebe zum Ausdruck brachte. Etwa so: »Ich erwachte heute um 6 Uhr. Mein erster Gedanke warst du: der Inhalt meines Gebetes du; beynah mein einziger Gedanke du, wieder du, und immer du; Möchte Gott mein Gebet erhören! Dann wärest du vollkommen glücklich, und mit dir deine Völker alle.« Als sie diesen Liebesbrief schrieb, war sie immerhin schon sieben Jahre verheiratet.
War der Gemahl unpäßlich oder krank, was des öfteren der Fall war, kümmerte und sorgte sie sich rührend um ihn. Als Kaiser Franz 1818 in Aachen weilte, schrieb sie ihm: »Heute sollst du in Aachen ein-

treffen, könnte ich dir doch zuweilen dort unsichtbare Besuche machen! Dich pflegen wenn du leidend bist! Dir jedes Unangenehme leichter machen! Ich darf es ja glauben, daß ich es verstehe. Du hast es mir mehr als einmal gesagt, und mich eben dadurch unaussprechlich glücklich gemacht.«

Und ein andermal, als er sich im fernen Czernowitz befand, schrieb sie ihm: »Auch betrüben mich deine rheumatischen Schmerzen. Ach wäre ich bey dir gewesen! Hätte ich dir auch nicht helfen können, würde ich wenigstens die Nacht mit dir durchgewacht haben. Daß du hustest ist mir ebenfalls höchst zuwider.«

Als Karoline Auguste nach Wien kam, übernahm sie auch Mutterpflichten. Immerhin lebten aus der zweiten Ehe des Kaisers noch fünf Kinder bei Hof, die zwar nicht mehr der mütterlichen Pflege, aber der erzieherischen Lenkung, der Anteilnahme, des Rates und selbst der Hilfe bedurften, wie im Falle der 12jährigen Marianne, die wie ihr ältester Bruder Ferdinand geistesschwach war und ständig betreut werden mußte. Die äußerst gütige, opferbereite junge Kaiserin nahm sich des Mädchens, das sie liebevoll Mariannchen nannte, mit bewundernswerter Herzenswärme an und hielt mit der Betreuerin des Kindes brieflichen Kontakt.

Die Kaiserin war ungeheuer kinderliebend und hatte eine geschickte pädagogische Hand. Sie fand daher rasch und mühelos den Zugang zu den Herzen ihrer Stiefkinder. Leopoldine, die 19jährige Tochter des Kaisers, deren Ehe mit dem portugiesischen Prinzen Dom Pedro, dem künftigen Kaiser von Brasilien, bereits beschlossen war, war der Stiefmutter sofort zugetan. »Die neue Mama gefällt mir von Tag zu Tag mehr«, schrieb sie ihrer Schwester Marie Louise nach Parma, »durch ihre Güte und Liebe bin ich ganz gerührt, und kann ich je etwas beytragen um ihr Freude zu machen, so werde ich es gewiß von ganzem Herzen thun.«

Karoline Auguste bereitete die leicht erregbare, lebhafte junge Frau auf ihr Leben in der Fremde vor, führte sie in die Gesellschaft ein, zeigte Interesse für die naturwissenschaftlichen Sammlungen der Kaiserstochter, gab ihr Ratschläge jedweder Art. Hellauf begeistert schrieb Leopoldine im April 1817 einer ihrer Tanten: »Wir genießen

das höchste Familienglück. Die liebe Mama ist ein Engel an Güte, und es ist unmöglich, keine Zuneigung zu ihr zu empfinden; je näher ich sie kennen lerne, um so grösser wird meine Liebe. Sie nimmt den zärtlichsten Anteil an allem, was mich angeht.«
Bald darauf hieß es für Leopoldine von der geliebten Stiefmutter und vom Wiener Kaiserhof Abschied zu nehmen. Die beiden Frauen sahen einander nie wieder. Leopoldine starb, von ihrem Gatten gedemütigt und betrogen, im 30. Lebensjahr fern der Heimat. Sie war eines der bedauernswertesten Opfer mitleidsloser habsburgischer Heiratspolitik.
Die junge Kaiserin bemühte sich auch um die anderen Kinder, um die kränkelnde Erzherzogin, die sie zur Firmung und zur Trauung führte, um den herzensguten, aber debilen Erzherzog Ferdinand, den sie vor beleidigenden Äußerungen seiner Geschwister in Schutz nahm und größeres Selbstvertrauen einimpfte, und um den schwachbegabten, übersensiblen Franz Karl, dessen Theater- und Naturliebe sie förderte.
Am Wiener Kaiserhof lebte aber auch der Herzog von Reichstadt, der Sohn Napoleons aus der Ehe mit der Kaisertochter Marie Louise. Kaiser Franz war seinem Enkel Franz mit großväterlicher Innigkeit zugetan, Karoline Auguste aber war in den hübschen Knaben regelrecht vernarrt. Sie liebte den »kleinen Napoleon« wie ihr eigenes Kind, verhätschelte ihn nach Noten, ließ ihm so manchen Streich durchgehen, lachte über seine Launen.
Sie selbst blieb, aus welchen Gründen immer, kinderlos. Das schmerzte sie. Der Baronin Louise Sturmfeder, der klugen, mütterlichen Aja des kleinen Franz Josef gegenüber, schüttete sie einmal ihr Herz aus. »Ich konnte mir nie ein größeres Glück denken«, sagte sie, »als Kinder zu haben. Ich habe es mir sehr gewünscht, aber der liebe Gott hat mir diesen Wunsch nicht erfüllt.«

In die Politik mischte sich die Kaiserin im Gegensatz zu ihrer Vorgängerin nicht ein. Das heißt nicht, daß sie keine politische Meinung hatte, sich für die politischen Vorgänge ihrer Zeit nicht interessierte. Sie war darüber bestens informiert, sie be- und verurteilte Ereignisse,

Entwicklungen, Vorgänge, die sich im multinationalen Habsburgerreich und darüber hinaus abspielten, und gab ihren Ansichten, zumeist in Briefen an ihre bayerischen und habsburgischen Verwandten, Ausdruck. Freiheitlichen Bewegungen stand sie, wie der Kaiser, streng ablehnend gegenüber, auf Frankreich, das sie als einen Hort der Revolution ansah, war sie schlecht zu sprechen, Rußland und der russischen Politik brachte sie große Sympathien entgegen.

Aber es fiel ihr nicht im Traum ein, auf ihren Gemahl politischen Einfluß zu nehmen. Der Herrscher war er, er fällte nach Beratung mit seinen Ministern und nach reiflicher Überlegung die endgültigen Entscheidungen. Über den Kongreß zu Troppau, zu dem sie im Jahre 1820 den Kaiser begleitete, schrieb sie ihrem Bruder Ludwig, der sie immer wieder um politische Interventionen bat: »Ich stehe zwar dem Mittelpunkt sehr nahe, aber nicht im Mittelpunkt, und ich habe nicht den mindesten Einfluß auf die dort genommenen oder zu nehmenden Beschlüsse.« Und ein paar Jahre später wurde sie noch deutlicher: »Überhaupt kann ich dir nicht oft genug wiederholen«, schrieb sie ihm, »daß ich keinen Einfluß auf Staatsangelegenheiten habe. Was man dir auch darüber sagen mag, glaube deiner Charlotte.« Es werde ihr aus guter oder böser Absicht vieles angedichtet, führte sie weiter aus, aber der Kaiser fasse seine Entschlüsse aus eigenem Antrieb.

Karoline Auguste verabscheute jede Art von Protektion und war daher auch als Fürsprecherin für die Avancementgelüste bestimmter Personen nicht zu haben.

Von den Pflichten eines Herrschers hatte die Kaiserin eine hohe, moralisch fundierte Auffassung. Der Monarch, gab sie sich überzeugt, sollte in seiner Lebensführung seinen Untertanen ein Beispiel geben, gerecht sein, schlicht und einfach, besonnen und ehrlich. Dieses Herrscherideal sah sie in ihrem Gatten verkörpert. Freilich sind dazu auch noch andere Eigenschaften nötig, die Kaiser Franz I. nicht besaß.

Die Rolle der Landesmutter nahm Karoline Auguste mit der ganzen Kraft ihrer robusten Persönlichkeit und mit großer Anteilnahme für das Geschick der Untertanen wahr. Das Glück des Kaisers und die Fürsorge für seine Völker waren die Grundpfeiler ihres Handelns.

Die Kaiserin war von hochherziger, mildtätiger Großmut. Ihre Wohltätigkeit war sprichwörtlich. Das Geld, über das sie persönlich verfügte, gab sie zum Großteil für Almosen und gemeinnützige Zwecke aus. Sie gründete katholische Privatschulen, unterstützte Armen- und Waisenhäuser, Erziehungsanstalten und Spitäler. Sie war ein Engel der Barmherzigkeit.
Es war für sie daher eine Selbstverständlichkeit, ein Akt tätiger christlicher Nächstenliebe, besonders in Katastrophenfällen rasche Hilfe zu leisten. So stellte sie 1830 anläßlich einer verheerenden Donauüberschwemmung, die von einem Eisstoß ausgelöst wurde, nicht nur spontan 20 000 Gulden für die schwerbetroffene Bevölkerung in den Vorstädten zur Verfügung, sondern verschaffte sich auch persönlich einen Überblick über das Ausmaß des angerichteten Schadens und leitete unverzüglich Hilfsmaßnahmen in die Wege.
Im Jahr danach wurde die Monarchie von einer schweren Choleraepidemie heimgesucht, in deren Gefolge auch die Wirtschaft zu leiden hatte. Fabriken mußten geschlossen werden, der Handel lag brach, Tausende Menschen verloren ihre Arbeit und/oder wurden von der Seuche hinweggerafft.
Karoline Auguste leistete auch diesmal finanzielle Hilfe, ließ in den Vorstädten mehrere Häuser ausweißen und traf andere hygienische Maßnahmen. Gemeinsam mit dem Kaiser, der es abgelehnt hatte, Wien zu verlassen, überzeugte sie sich vom Fortgang der Arbeiten am »Cholerakanal«, der entlang des rechten Wienufers angelegt wurde und Tausenden Arbeit verschaffte. Der unregulierte Wienfluß, in den die Abwässer der umliegenden Vorstädte mündeten, galt als Herd der Krankheit. Das Erscheinen des Kaiserpaares löste großen Jubel aus und diente selbstverständlich auch dazu, die verzagte Bevölkerung moralisch aufzurichten.
Zu den Aufgaben der Landesmutter gehörte es natürlich, den Kaiser auf den strapaziösen Reisen durch seine Länder zu begleiten. Franz I. war in den Friedensjahren nach dem Wiener Kongreß beinahe jedes Jahr unterwegs, um sich über die Lebensverhältnisse der Bevölkerung zu informieren, notwendige Maßnahmen zu veranlassen und Mißstände abzustellen. Seine Reisen führten ihn nach Schlesien, Galizien

und Siebenbürgen, nach Böhmen, Ungarn, Lombardo-Venetien und Dalmatien. Es gab kaum ein Kronland, das er nicht aus eigener Anschauung kannte.

Karoline Auguste war ihm eine treue, fürsorgliche Wegbegleiterin. Sie ertrug an seiner Seite alle Unbilden der Natur, Wind und Regen, Hitze und Kälte und die mit einer Reise damals verbundenen, unvermeidlichen Unbequemlichkeiten. Man saß täglich bis zu fünfzehn Stunden in der Kutsche, die Straßenverhältnisse waren zumeist miserabel. Nicht selten kam es vor, daß die Wagenräder im tiefen Boden steckenblieben, die Quartiere ließen oft zu wünschen übrig.

Die Kaiserin besuchte Bergwerke, Fabriken, soziale und kulturelle Einrichtungen, Klöster, Schulen, die Häuser und Hütten der Menschen und verschaffte sich auf diese Weise einen Einblick in den zumeist tristen Alltag der Untertanen. Konnte sie Abhilfe schaffen, zumindest für den Augenblick, dann tat sie es.

Die beschwerlichste Reise des Kaiserpaares nicht nur wegen der Länge der zurückgelegten Wegstrecke, sondern auch wegen der unvorstellbaren Rückständigkeit und Armut, die dort herrschte, war jene in die östlichen Teile des Reiches, nach Galizien, die Bukowina, Siebenbürgen und das Banat. Lemberg, die Hauptstadt des Königreiches »Galizien und Lodomerien«, machte einen verheerenden Eindruck auf die kaiserlichen Besucher aus Wien. »Grenzenlos, unbeschreiblich, unglaublich« sei der Schmutz, fand die Kammerfrau der Kaiserin. »Die Stadt ist nicht gepflastert, lauter Flugsand, über diesen sind Prügel gelegt … die dann im Regen gehoben werden und herumschwimmen, während man im Kothe versinkt und die schweren Lastwagen umstürzen.«

Zwei Jahre später unternahm Franz I. mit seiner Gemahlin eine Italienreise, die für die fromme, kunstinteressierte Karoline Auguste zu einer wahren Quelle der Freude und der Erbauung wurde. Über Venedig, Padua und Bologna ging es nach Florenz, der Geburtsstadt des Kaisers. Franz bewohnte im Palazzo Pitti das Zimmer, in dem er geboren worden war, und frischte Kindheitserinnerungen auf, während die Kaiserin die Bauwerke und Kunstschätze der toskanischen Hauptstadt bewunderte.

Von Florenz ging es weiter nach Rom, wo das österreichische Kaiserpaar nach einem feierlichen Einzug im Quirinal abstieg und sogleich vom Papst Pius VII. in herzlicher Audienz empfangen wurde. Franz I. und Karoline Auguste hielten sich etwa drei Wochen in der Ewigen Stadt auf und spulten ein umfangreiches Veranstaltungsprogramm ab, das von kirchenpolitischen Gesprächen, der Teilnahme an religiösen Festen bis zur Besichtigung der Sehenswürdigkeiten der Stadt reichte.

Das nächste Ziel der Reise war Neapel. Die Kaiserin besuchte dort verschiedene soziale Einrichtungen, wie das Armen- und das Irrenhaus. Der Dichter Franz Grillparzer, der zur gleichen Zeit wie das Kaiserpaar Rom besucht hatte, wurde vom Obersthofmeister der Kaiserin, Oberst Graf Wurmbrand, in seiner Kutsche nach Neapel mitgenommen. Eine Begegnung mit Karoline Auguste, die im Jahr zuvor im Hofburgtheater des Dichters Stück »Sappho« gesehen und sich darüber bewundernd geäußert hatte, war geplant. Es kam aber nicht dazu. Wie Grillparzer in seiner »Selbstbiographie« berichtet, sind Kaiserin und Dichter bei der Besteigung des Vesuvs auf Eseln aneinander vorbeigeritten. Beim Abstieg von der Bergspitze, so Grillparzer, sei ihm und seinen Begleitern eine Kavalkade von einigen verschleierten Damen entgegengekommen, deren Livree darauf schließen ließ, daß es sich um das Gefolge der Kaiserin handelte. »Ich suchte nun vor allem meinen dahinstürmenden Esel zum Stehen zu bringen oder wenigstens aus der Mitte des Weges zu bringen«, berichtet er, »welches letztere mir aber nur so gelang, daß er sich neben den Weg mit dem Kopf nach außen stellte, so daß die hohe Frau an unsern beiderseitigen Rücken vorüberreiten mußte und ich nur den Hut abziehen, sie aber nicht sehen konnte.«

Einige Jahre später ersuchte Wurmbrand den Dichter, anläßlich der Krönung Karoline Augustes zur Königin von Ungarn ein Theaterstück zu verfassen. Grillparzer machte sich sogleich an die nötigen Vorarbeiten, fand jedoch keinen passenden Stoff und konnte daher dem Wunsch des Obersthofmeisters nicht nachkommen. Die Kaiserin, falls sie davon Kenntnis hatte, trug dem Dichter das ungeschickte Verhalten nicht nach. Im Gegenteil. Es war ihrer Initiative zu verdan-

ken, daß Grillparzers Stück »König Ottokars Glück und Ende« nicht der berüchtigten Zensur zum Opfer fiel.
Die Rettung des Stückes aus den Klauen der Zensurbehörde war eine typisch österreichische Groteske, bei der auch der Zufall Regie führte. Karoline Auguste, die sich eines Tages nicht wohl fühlte, bat den Dichter Matthäus Collin, den Erzieher des Herzogs von Reichstadt, ihr Bücher zur Lektüre vorzuschlagen. Da keines darunter war, das sie nicht schon kannte, trug sie ihm auf, in der Hofburgtheaterdirektion nach einem interessanten Manuskript nachzufragen. Dort informierte man ihn, daß das erwähnte Grillparzer-Stück bereits zwei Jahre bei der Zensurbehörde liege und trotz aller Bemühungen nicht zurückzubekommen sei. Man habe es offenbar verlegt oder gar verschwinden lassen. Collin intervenierte bei der Zensur, und siehe da, das Stück ward auf der Stelle gefunden! Er ließ es sich aushändigen und las es der Kaiserin vor. Karoline Auguste war baß erstaunt, daß das ihrer Meinung nach patriotische Werk von der Zensur so schmählich behandelt wurde. Eben als sie diesen Gedanken äußerte, trat der Kaiser in das Zimmer, um sich nach ihrem Befinden zu erkundigen. »Du«, sagte die Kaiserin nach dem Bericht in einer Grillparzer-Biographie, »warum wird denn der Ottokar von Grillparzer nicht aufgeführt?«
»'S wird halt was Staatsschädliches drinnen sein«, meinte der Kaiser.
»Im Gegenteil«, schrie die Kaiserin, »der größte Schmeichler des österreichischen Hauses hätte es nicht anders schreiben können!«
»Nun, wenn's so ist«, sagte der Kaiser zu Collin, »so sagen S' ihnen, sie sollen's erlauben.«
Das Stück wurde am 19. Februar 1825 am Hofburgtheater uraufgeführt und war, mit Heinrich Anschütz in der Rolle des Ottokar, ein Bombenerfolg. In den folgenden zwei Monaten gab es zwölf Aufführungen, und jedesmal war das Haus »gesteckt voll«, wie es in einem zeitgenössischen Bericht heißt.
Karoline Auguste war nicht nur eine begeisterte Besucherin des Hofburgtheaters. Sie las viel oder ließ sich wegen ihres Augenleidens aus Büchern, die sie interessierten, vorlesen. Auch der bildenden Kunst brachte sie großes Interesse entgegen. Auf allen ihren Reisen besuchte sie Museen und Ausstellungen und stellte Kontakte zu Künstlern her,

denen sie die verschiedensten Aufträge erteilte. Dabei kam es ihr besonders darauf an, die Volksnähe des Kaisers bildlich zu dokumentieren. Sie war die eifrigste Propagandistin der Vorzüge ihres Gemahls und hatte offenbar ein weit größeres Gespür für staatspolitisch wirksame propagandistische Effekte als der biedere, phantasielose Kaiser.

Im Jahre 1824 erfuhren die Beziehungen zwischen Wien und München, die nicht immer reibungslos abliefen, durch eine neue Eheverbindung zwischen je einem Mitglied der beiden Herrscherhäuser eine Vertiefung. Die bayerische Prinzessin Sophie, eine Stiefschwester Karoline Augustes, heiratete am 4. November 1824 Franz Karl, einen Sohn des Kaisers. Die Kaiserin, die die Beziehung eingefädelt und das Heiratsprojekt vorangetrieben hatte, war nun auch Sophies Stiefschwiegermutter. Die verwandtschaftlichen Verhältnisse im habsburgischen Kaiserhaus lassen an Kompliziertheit nichts zu wünschen übrig. Diese Feststellung gilt natürlich auch für andere europäische Dynastien.
Sophie, nunmehr in den Rang einer Erzherzogin aufgerückt, war eine attraktive junge Frau. Sie war zwar keine ausgesprochene Schönheit, aber sie hatte ein hübsches Gesicht, eine gute Figur und war von einer gewinnenden natürlichen Frische. Mit einem starken Willen und einem scharfen Verstand ausgestattet, beherrschte sie ihren unscheinbaren, in jeder Hinsicht unbedeutenden Gemahl vom ersten Tag der Ehe an vollständig.
Die Wiener schlossen die resolute bayerische Prinzessin, die mit ihren romantischen Neigungen ganz in das Bild einer Dame der Biedermeierzeit paßte, sofort ins Herz. »Sie ist ein wahrer Engel«, schrieb Karoline Auguste an ihren Bruder in München, »auch ist das Entzücken über sie allgemein. Bewunderung und Freude äußerten sich von allen Seiten als wir beyden Mütter in die Kirche führten; gestern im Theater war der Jubel bey ihrem Erscheinen nicht zu beschreiben; und wie auf das Publikum so wirkte es auf die Familie. Es ist nur eine Stimme über sie.« Und auch Karoline Auguste selbst war mit Sophie höchst zufrieden. »Ich bin außer mir vor Freude«, schrieb sie Ludwig zwei Tage nach der Hochzeit. »Es ist als hätte ich nun zwey Leben.«

Die beiden Stiefschwestern lernten erst jetzt einander richtig kennen. Karoline Auguste half Sophie, sich am Kaiserhof einzugewöhnen. Die junge, springlebendige Erzherzogin teilte ihre Interessen. Gemeinsam lasen sie die Gedichte Ludwigs, der nicht nur ein Freund der Frauen, sondern auch der Kunst war und sich literarisch betätigte. Zusammen mit ihr machte sie nach Jahren der Untätigkeit wieder eigene Malversuche. Die Kaiserin war es auch, die Sophie regelmäßig in das Burgtheater mitnahm und damit den Grundstein für deren Theaterbegeisterung legte. Die Halbschwester wuchs ihr von Woche zu Woche, von Jahr zu Jahr enger ans Herz. »Ich entbehre sie schwer«, schrieb sie Anfang Oktober 1827 Ludwig, der inzwischen nach dem Tod des Vaters den bayerischen Königsthron bestiegen hatte.
Als Sophie am 18. August 1830 nach sechsjähriger Ehe einen gesunden Sohn gebar, der achtzehn Jahre später als Kaiser Franz Joseph an die Spitze des Habsburgerreiches berufen werden sollte, bangten sie bei der schweren Geburt mit ihr. »Großer Gott, es waren dreiundvierzig schreckliche, in Todesangst verbrachte Stunden und wir sind alle wie gebrochen«, schrieb sie nach Bayern.
Die kinderliebende Großmutter beschäftigte sich viel mit dem Neugeborenen, registrierte jede Kleinigkeit in den verschiedenen Entwicklungsphasen des Kindes. Als Sophie kurz hintereinander zwei weiteren Söhnen das Leben schenkte, war die Kaiserin überglücklich. Die drei Knaben, die bei ihr das Mittag- und Abendmahl einnahmen, wenn die Eltern abwesend waren, erhielten von ihr Geschenke und brachten der Großmama liebevolle Verehrung entgegen.
Karoline Auguste war ein ausgesprochener Familienmensch. Sie war um Ausgleich bemüht, schätzte ein harmonisches Zusammenleben über alles, war in jeder Hinsicht der ruhende Pol am Wiener Kaiserhof. In ihrer freundlichen Art war sie fortwährend bestrebt, ein gutes Verhältnis zwischen den diversen Familienmitgliedern und deren oft konträren Ansichten und Interessen herzustellen. So gelang es ihr beispielsweise, den langjährigen Konflikt zwischen dem Kaiser und seinem Bruder Erzherzog Johann zu schlichten. Johann, der seine Liebesbeziehung zur Postmeisterstochter Anna Plochl durch eine Ehe legalisieren wollte, brauchte für diesen Schritt die Zustimmung des Kaisers,

Franz war jedoch jahrelang nicht dazu bereit. Karoline Auguste stimmte den Kaiser um und regelte auch das schwierige Problem der Rangordnung der künftigen Gattin des von ihr sehr geschätzten Erzherzogs. Der Brandhof, der landwirtschaftliche Mutterbetrieb Johanns in der Steiermark, wurde in ein Freigut umgewandelt, Anna in den Freifrauenstand erhoben. Sie führte den Titel »Freiin von Brandhofen«.

Um die Gesundheit ihres Gemahls mußte sich die Kaiserin mit zunehmenden Jahren wachsende Sorgen machen. Franz, seit seiner Kindheit und Jugend von schmächtiger Gestalt und zarter Konstitution, machte nie den Eindruck körperlicher Robustheit. Er war, obwohl er die Natur liebte und auch gerne Wanderungen unternahm, ein Stubenhocker. Wenn er sich in der Hofburg aufhielt, verbrachte er viele Stunden des Tages am Schreibtisch, über Aktenstücke gebeugt. Die viele Aktenarbeit in überheizten Räumen, der Mangel an frischer Luft und Bewegung haben seiner schwächlichen Gesundheit gewiß nicht gutgetan und sind höchstwahrscheinlich für seine Anfälligkeit für Erkältungskrankheiten verantwortlich zu machen, von denen in den Briefen seiner nächsten Angehörigen immer wieder die Rede ist. Kuren in Baden bei Wien dienten lediglich der Erholung, die medizinische Behandlung durch seinen Leibarzt, Dr. Joseph Andreas Stifft, war rückständig und ließ viel zu wünschen übrig. Stifft behandelte selbst Erkältungen mit Aderlässen und verordnete seinem Patienten beim geringsten Schnupfen Bettruhe oder zumindest Zimmerarrest. Gegen die Zahnschmerzen, die den Kaiser plagten, gab es ärztlicherseits damals kaum eine Linderung. Künstlichen Zahnersatz gab es keinen. Im Alter von 65 Jahren hatte der Kaiser keinen einzigen Zahn mehr im Mund.
Schon in mittleren Jahren war Franz I. häufig unpäßlich und laborierte an Fieberanfällen und Bronchitis. Auf seinen Reisen mußte er des öfteren Rasttage einlegen und das Bett hüten. Im Jahre 1826 erkrankte der Kaiser schwer. Sein Zustand war so besorgniserregend, daß er die Sterbesakramente zu empfangen wünschte und auch erhielt. »Sechs Stunden schwebte er zwischen Leben und Tod«, notierte Metternich in seinen Aufzeichnungen.

Karoline Auguste sorgte sich unendlich um ihren Gemahl, wich nicht vom Krankenbett. Als er das Ärgste überstanden hatte, schrieb sie sich ihre Ängste vom Herzen. »Der Kaiser geht gut, unglaublich g u t nach einer solchen Krankheit«, berichtete sie nach München. »Ach Bruder er war am Rand des Todes! Ich glaubte einen Augenblick, daß ich v e r r ü c k t werden würde; doch stärkte mich Gott; ich war ergeben in seinen Willen, und er gab mir die Kraft meinem theuren Kranken meine Todesangst zu verbergen.«

Auch viele Wiener bangten um den Kaiser, der sich bei breiten Bevölkerungsschichten großer Beliebtheit erfreute. Die erste Ausfahrt des Kaiserpaares nach der schweren Krankheit am 9. April 1826 wurde zum Triumph. Eine große Menschenmenge säumte die Straßen und gab ihrer Freude über die Gesundung des Kaisers beredten Ausdruck. In den folgenden Jahren war Franz I. immer wieder erkältet und wurde von Fieberanfällen heimgesucht. Trotz seiner angeschlagenen Gesundheit ließ er es sich jedoch im September 1834 nicht nehmen, den Manövern in Mähren beizuwohnen. Wind und Wetter ausgesetzt, zog er sich einen fiebrigen Katarrh zu und konnte erst im Oktober nach Wien zurückkehren. Leibarzt Dr. Stifft wußte keinen anderen Rat, als die Krankheit, die sich im Laufe des Winters zu einer schweren Bronchitis auswuchs, mit Hustensaft zu kurieren. Es half nichts. Aus der Bronchitis wurde eine Rippenfell- und schließlich eine Lungenentzündung. Der bereits stark geschwächte Körper des Monarchen wurde mit Aderlässen (insgesamt acht!) traktiert, was den Patienten nur noch hinfälliger machte. »Das Blut rauchte nur so, so entzündet war es«, bemerkte Erzherzogin Sophie, die den kaiserlichen Schwiegervater sehr liebte.

Das Fieber stieg und war nicht mehr herunterzukriegen. Schließlich gab es keine Rettung mehr. Der Kaiser, der um seinen Zustand wußte, verlangte die Sterbesakramente und begann mit zittrigen Händen auf ein paar Zetteln mit Bleistift sein Testament niederzuschreiben. Als er dazu nicht mehr imstande war, diktierte er Karoline Auguste, die die ganze Zeit über unermüdlich und mit großer Fürsorge an seinem Bett wachte, die letzten Verfügungen. Er trug seinem ältesten Sohn Ferdinand, der die Nachfolge antrat, auf, an den Grundfesten des Staatsgebäudes nichts zu verrücken und zu verändern und dem Fürsten Metternich sein volles Vertrauen zu schenken. Seine Liebe vermachte er seinen Untertanen. Für Karoline Auguste traf er spezielle Regelungen. Ferdinand sollte ihr all das an »Gütern oder Geldern überlassen, was sie wünscht«.

Am Abend des 1. März 1835 versammelte Franz die gesamte kaiserliche Familie in seinem Sterbezimmer, um Abschied zu nehmen. Unter ihnen war auch sein kleiner Enkel, der fünf Jahre alte Franz Joseph. Er habe das Sterben nicht gerne, erklärte das ahnungslose Kind ein paar Tage nach dem Tod des Großpapas der Mutter beim Frühstückstisch. Im historischen Rückblick nimmt dieser Satz eine geradezu tragische Dimension an. Franz Joseph wurde als Herrscher sehr oft mit dem Tod konfrontiert. Nicht nur auf dem Schlachtfeld in jungen Jahren, sondern auch in seiner Familie. Die Gemahlin starb durch Mörderhand, der Sohn durch Selbstmord, sein Bruder Maximilian wurde exekutiert.

Karoline Auguste stand ihrem Gemahl bis zum letzten Atemzug bei. Selbst als der Kaiser am 2. März 1835, eine Dreiviertelstunde nach Mitternacht seine Seele aushauchte, verweilte sie noch ein paar Stunden am Totenbett. Ihre Haltung erregte allgemeine Bewunderung.

Der Tod des 67jährigen Monarchen, der 43 Jahre lang regiert hatte, wurde im In- und Ausland betrauert. Für seine Gattin, die ihm in den letzten 19 Jahren seines Daseins eine treue Gefährtin gewesen war, die Freud und Leid mit ihm geteilt hatte, war ein beglückender, erfüllter Lebensabschnitt zu Ende.

Nach dem Tod ihres Gatten ließ die verwitwete Kaiserin, die wegen ihrer Fürsorglichkeit am Hof »Kaiserin-Mutter« genannt wurde, das gemeinsame Schlafzimmer abteilen. Die eine Hälfte behielt sie für sich, in der anderen ließ sie über dem Sterbebett des Kaisers einen Altar errichten, an dem jährlich am Todestag eine Messe gelesen wurde.

Die Religiosität der Kaiserin, die immer schon stark ausgeprägt war, erfuhr eine weitere Vertiefung. Aus ihrem Glauben bezog Karoline Auguste Kraft und Seelenstärke. Sie kam den von der katholischen Kirche vorgeschriebenen religiösen Pflichten mit Inbrunst nach,

besuchte täglich die Messe, ging monatlich zur Kommunion und befolgte gewissenhaft die Fastenvorschriften.
Ihre Frömmigkeit beschränkte sich jedoch nicht auf den Messebesuch und auf Gebete. Die Kaiserin faßte ihr Christentum als tätige Nächstenliebe auf und widmete einen Großteil ihrer jahrzehntelangen Witwenschaft der Fürsorge und Unterstützung armer, notleidender Menschen. Der Ruf der Wohltätigkeit, der sich mit ihrem Namen verband, brachte es mit sich, daß sie täglich bis zu einhundert Bittschriften erhielt, die sie sorgfältig las. Die Erledigung der Hilfsgesuche füllte ihren Tag aus. Oft war sie bis Mitternacht damit beschäftigt.
Um ihre Hilfe gerecht auf die Bedürftigen aufteilen zu können, holte sie Erkundigungen und Auskünfte über die Bittsteller ein und wies unverschämte Ansuchen zurück. In den meisten Fällen erfolgte jedoch eine positive Erledigung. Man muß ja in Betracht ziehen, daß die Armut der unteren Bevölkerungsschichten im 19. Jahrhundert unvorstellbar groß war. Die Kaiserin-Mutter tat ihr Menschenmöglichstes, um sie ein wenig zu lindern. Die »Mutter der Armen und Bedrängten« hat im Verlauf der Jahre erhebliche Summen dafür ausgegeben.
Über diese private Caritas hinaus widmete sich Karoline Auguste vorwiegend der institutionellen Jugendfürsorge. Sie unterstützte katholische Orden, die sich der Erziehung widmen, leistete finanzielle Hilfe beim Bau von Schulen, Waisenhäusern und Kinderbewahrungsanstalten und spendete namhafte Beträge für die Errichtung und den Ausbau von Spitälern und Armenhäusern. Auch der karitative Verein, der zur Linderung der Wohnungsnot in der Wiener Arbeitergasse eine Arbeiterwohnhausanlage errichtete, deren Wohnungen (mit Wasseranschluß!) zu niedrigen Mietzinsen an Arbeiterfamilien vermietet wurden, wurde von ihr großzügig gefördert. Die Anlage erhielt ihr zu Ehren den Namen Carolinum.
Auf kulturellem Gebiet gab die Kaiserin mit der Übernahme des Protektorates über das Salzburger Landesmuseum, das noch heute ihren Namen trägt (»Museum Carolino Augusteum«), einen überaus wertvollen Anstoß für dessen Ausbau und Weiterentwicklung.

In den ersten Wochen und Monaten nach dem Hinscheiden des Kaisers führte Karoline Auguste ein völlig zurückgezogenes Leben. Sie speiste nicht im Kreis der Familie, nahm ihre Mahlzeiten auf ihrem Zimmer ein, mied jede gesellige Veranstaltung. Melanie Metternich, die dritte Gemahlin des Staatskanzlers, die ihr Anfang April 1835 einen Besuch abstattete, fand sie »bleich und niedergeschlagen«.
Nur behutsam und schrittweise fand die Kaiserin-Witwe wieder in den Alltag zurück. Sie machte Spaziergänge im Schönbrunner Schloßpark, unternahm kleine Ausflüge, später auch Reisen zu den Verwandten nach Bayern und Sachsen. Sie empfing Besuche, speiste mit dem Kaiserpaar, nahm an den Kinderbällen des Hofes teil, beschäftigte sich mit den Enkelkindern und den zahlreichen Neffen und Nichten, die sich in der Hofburg tummelten, und fungierte als Taufpatin. Kinder liebte sie, und die Kinder hatten sie gern. Bald besuchte sie auch wieder Opernaufführungen. Im Burgtheater war sie nach dem Tod des Kaisers zum erstenmal erst wieder 1838 zu sehen. Die Sommer verbrachte die Witwe in ihrem Lieblingsschloß Persenbeug, von wo aus sie Ausflüge in die Umgebung unternahm, nach Artstetten, in das Yspertal, nach Ischl und in das von ihr geliebte Salzburg.
Die politischen Ereignisse und Entwicklungen verfolgte sie mit Interesse und Anteilnahme. Mit Sorge betrachtete sie die (nach ihrer Meinung) Verdüsterungen am politischen Horizont Europas, die sich 1848 schließlich in revolutionäre Erhebungen gegen die repressive monarchische Staatsgewalt entluden. Als man am Kaiserhof im Mai 1848 die Koffer packte und Wien verließ, machte sie die als Reise getarnte Flucht mit. Sie nahm jedoch nicht, wie die übrigen Mitglieder des Kaiserhofes, in Innsbruck Quartier, sondern blieb in Salzburg, von wo sie erst im Dezember 1850 wieder in die Hofburg zurückkehrte. Lediglich zur Silberhochzeit der Stiefschwester Sophie Anfang November 1849 hielt sie sich vorübergehend in Wien auf.
Die revolutionären Ereignisse, die sich 1848 in der Haupt- und Residenzstadt abspielten, beobachtete sie mit Abscheu aus der Distanz. Von der Abdankung Kaiser Ferdinands zugunsten seines Neffen Franz Joseph im Olmützer Erzbischöflichen Palais erfuhr sie erst im nachhinein. Daraufhin schrieb die Großmutter ihrem Enkel mit

Datum vom 5. Dezember 1848 einen anteilnehmenden Brief, in dem sie auf die schwere Bürde hinwies, die zu tragen er übernommen hatte. »Ja, bester Franz«, sprach sie ihn noch mit dem alten Namen an, »ich bete für d i c h , den mein Herz schon seit Jahren ›meine Hoffnung‹ nannte. Gott hat dich mit Vielem ausgerüstet. Er wird dir auch die nöthige Einsicht und Kraft geben. Doch verkenne ich das Schreckliche deiner Lage nicht; aber bei so reinem Willen, und umgeben von Rathgebern wie das jetzige Ministerium, kann man hoffen, daß es dir gelingen werde, die fürchterliche, riesenhafte Aufgabe zu lösen. Daß mein Herz von jeher nicht minder an dir hing als jenes deines Großvaters weißt du. Es wird nie aufhören jede Freude und jedes Leid mit dir zu theilen ...«

Auch an Ferdinand, ihren kaiserlichen Stiefsohn, richtete sie ein warmherziges Schreiben. Mit ihm und seiner Gemahlin blieb sie in enger Verbindung.

Der Regierungsantritt Franz Josephs veränderte auch die Stellung Karoline Augustes am Wiener Kaiserhof. Ihre ehrgeizige Stiefschwester spielte nun in der Hofburg die entscheidende Rolle, zog als graue Eminenz die politischen Fäden und offen und sichtbar die familiären. Die zwei alten Kaiserinnen, Karoline Auguste und Maria Anna, die Gattin Ferdinands, überließen ihr das Feld. Es ging dabei nicht immer ganz reibungslos ab. Nach dem 24. April 1854, dem Tag, an dem der junge Kaiser seine Cousine Elisabeth, Herzogin in Bayern, die später so berühmte Sisi, heiratete, kam neuer Konfliktstoff hinzu. Sophie und ihre Schwiegertochter lieferten einander bald heftige Gefechte. Karoline Auguste verstand sich mit der jungen, unerfahrenen, aber im Laufe der Zeit immer selbstbewußteren Kaiserin durchaus gut. Sie war bei jeder sich bietenden Gelegenheit auf ihrer Seite zu finden. Die Kinder Elisabeths, die gutmütige Gisela und der sensible Rudolf, schloß die »Urmama« in ihr großes mütterliches Herz.

Die beiden letzten Lebensjahrzehnte bescherten der völlig zurückgezogenen lebenden Kaiserin-Witwe noch einige Kümmernisse und Aufregungen. Dem Krieg mit Preußen im Jahre 1866 konnte die friedliebende Frau absolut nichts abgewinnen, die Erschießung ihres

Stiefenkels Maximilian im fernen Mexiko ein Jahr später traf sie schwer.
Körperlich blieb sie bis zu ihrem 70. Lebensjahr rüstig. Dann stellten sich kleinere Beschwerden ein. Das Stiegensteigen fiel ihr schwer, Husten und Erkältungen plagten sie. Geistig blieb sie bis ins hohe Alter frisch.
Um die alte Dame wurde es mit den Jahren still, sie wurde einsam. Die meisten Angehörigen ihrer Generation waren (längst) gestorben. Ihr geliebter Bruder, König Ludwig I. von Bayern, verschied im Februar 1868, zuletzt verlor sie im Mai 1872 ihre Stiefschwester, die um dreizehn Jahre jüngere Sophie.
Ihren 80. Geburtstag feierte Karoline Auguste im engsten Familienkreis in aller Bescheidenheit, wie man es von ihr gewöhnt war. Im Januar 1873 erkrankte die Kaiserin an einem Lungenkatarrh mit heftigem Fieber. Das Fieber ging bald wieder zurück, es trat aber bei gänzlicher Appetitlosigkeit ein rascher Verfall der Kräfte ein (Medizinischer Bericht). Am 9. Februar, einen Tag nach ihrem 81. Geburtstag, schied sie, umgeben von den Mitgliedern des Kaiserhauses, friedlich aus dem Leben. Am 13. Februar wurde Karoline Auguste von der Welt, in der sie so viel Gutes getan hatte, mit allen Zeremonien verabschiedet.
Ihren Nachlaß, der wertmäßig mehr als vier Millionen Gulden betrug, hatte sie längst geordnet. Viele karitative Organisationen, ihre Bediensteten, aber auch zahlreiche habsburgische und bayerische Familienangehörige kamen auch nach ihrem Tod in den Genuß ihrer Mildtätigkeit.

Kaiserin Maria Anna

Die barmherzige Kaiserin

Gemahlin Kaiser Ferdinands I.
Geboren am 19. September 1803 in Rom
Heirat am 27. Februar 1831 in Wien
Gestorben am 4. Mai 1884 in Prag

Das Jahr 1830 war eines der Epochenjahre des vorigen Jahrhunderts. Im Juli brach in Paris eine Revolution aus. Das Bürgertum erhob sich gegen die Maßnahmen des Königs, seine eigene Macht auszubauen und die Rechte des Parlamentes einzuschränken.

Die »Julirevolution« wirkte wie eine Initialzündung und war das Signal für zahlreiche Erhebungen in anderen europäischen Staaten. Belgien riß sich von dem vom Wiener Kongreß künstlich geschaffenen »Königreich der Niederlande« los, die Polen erhoben sich gegen das Haus Romanow, in Deutschland und Italien, in der Schweiz und im Kirchenstaat kam es zu Unruhen. Die habsburgischen Regenten wurden aus Modena und Parma vertrieben.

Die Kerngebiete des habsburgischen Kaiserstaates blieben von den revolutionären Ereignissen unberührt. Dennoch war das Jahr 1830 auch für die Donaumonarchie von großer Bedeutung. Die Thronfolge wurde endgültig geregelt, die Weichen für die Zukunft gestellt.

Ferdinand, der älteste Sohn des Kaisers Franz I., hatte sich im vorangegangenen Jahrzehnt im großen und ganzen positiv entwickelt. Er litt an epileptischen Anfällen, die in unvorhersehbaren Abständen zumeist in Schüben auftraten und schwerste Ausmaße annehmen konnten, und wurde von Gleichgewichtsstörungen und völliger Apathie heimgesucht. Doch hatten seine Erzieher im Laufe der Jahre mit pädagogischem Geschick, mit Beharrlichkeit und Einfühlungsvermögen einige Erfolge erzielen können. Nach Aussage eines seiner Lehrer konnte er sich in etlichen Fremdsprachen verständigen (Italienisch, Französisch, Ungarisch, Tschechisch), er spielte Klavier, zeichnete nicht untalentiert und war sehr naturverbunden. Deshalb erlernte er die Gärtnerei (bekanntlich mußte jedes männliche Mitglied des habsburgischen Kaiserhauses ein Handwerk erlernen).

Über seine Reisen, die er durch einige Provinzen des Kaiserreiches machte, führte Ferdinand Tagebuch, in dem er pedantisch die einzelnen Tagesstationen festhielt. Zu irgendwelchen Einblicken in die Gesellschafts- und Sozialstruktur der bereisten Länder war er nicht fähig, auch kaum zu selbständigem Urteil. Sein Horizont war beschränkt.

Ferdinand entwickelte Vorlieben und persönliche Neigungen. Für die Botanik hatte er ein ausgesprochenes Faible, der Heraldik brachte er

Interesse entgegen. Er sammelte Länder-, Städte- und Familienwappen, Bücher und Landkarten, der Technik und der Naturwissenschaften gegenüber war er aufgeschlossen. Er legte eine Sammlung von Rohprodukten und Fabrikaten an, die von Fachleuten systematisiert und dem Publikum später als »Technisches Kabinett und Fabriksproduktensammlung« zugänglich gemacht wurde. Er besuchte mit Vorliebe Bergwerke und Hafenanlagen und war für technische Neuheiten durchaus zu haben. Nicht zufällig wurde während seiner Regierungszeit die erste Eisenbahn in Betrieb genommen. 1837 wurde auf der Strecke Floridsdorf–Deutsch Wagram die Kaiser-Ferdinands-Nordbahn eröffnet. Schließlich sei auch noch darauf hingewiesen, daß zehn Jahre später die Akademie der Wissenschaften gegründet wurde, ein geradezu bahnbrechendes Ereignis.
Von der Öffentlichkeit wegen seiner unglücklichen Veranlagung lange Zeit ferngehalten, war der Erzherzog schüchtern, unsicher und wenig selbstbewußt. Ferdinand war nicht ohne Humor und machte zuweilen Bemerkungen von frappierender, entwaffnender Rückhaltlosigkeit. So wird überliefert, daß der Kronprinz während einer Ungarnreise einmal die Festung Komorn besichtigte. Als die Besichtigung beendet war, blieb Ferdinand in einem Amtszimmer stehen und betrachtete aufmerksam die Wand. Der Festungskommandant erkundigte sich gehorsamst, ob seine Kaiserliche Hoheit irgendeine Auskunft wünsche.
»Ja, wissen S'«, meinte daraufhin Ferdinand, »i hab' glaubt, daß die Wänd in der Festung da ganz mit Tinten an'gstrichen sind.« Auf die gehorsamste Frage des Kommandanten, was Seine Kaiserliche Hoheit zu diesem Glauben veranlaßt habe, erwiderte der Kronprinz lächelnd: »Ja, wissen S', i hab' ein bissel im großen Ausgabenbuch herum'blättert und da hab' i an Posten g'funden: Tinte für die Festung Komorn 1000 Gulden. Na, und weil i mir dacht' hab', daß man in einem Jahr nit um 1000 Gulden Tinten verschreiben kann, hab' i g'laubt, daß ihr die Wänd damit anstreichts.« Was der Festungskommandant darauf erwiderte, ist nicht überliefert.
Am bekanntesten ist wohl der Satz, mit dem Ferdinand im März 1848 es ablehnte, auf die Aufständischen zu schießen. »Bin i Kaiser oder

net?« fragte er schlicht und einfach und damit war die Sache für ihn erledigt.
Ferdinand war gütig und wohltätig, von sanftem Gemüt und phlegmatischem Temperament, das jedoch rasch in Jähzorn umschlagen konnte. Er neigte zur Zerstreutheit. Konzentrierte Arbeit fiel ihm schwer, ein Manko, das er aber mit Hilfe seiner Lehrer durch Konzentrationsübungen und Fleiß zu mindern trachtete.
Der Kronprinz war alles andere als eine imposante Erscheinung. Er hatte einen verhältnismäßig großen Schädel, ein ausdrucksloses, stumpfes Gesicht, eine kräftige, lange Nase und eine überhohe, breite Stirn. »Großer Gott, ich hörte viel von ihm«, notierte die russische Zarin Alexandra Feodorowna nach einer Begegnung in Teplitz 1835, »von seiner kleinen, häßlichen, vermuckerten Gestalt und seinem großen Kopf ohne Ausdruck als den der Dähmlichkeit, aber die Wirklichkeit übersteigt alle Beschreibungen.«
Ein Schwächling war Ferdinand nicht. Wenn er nicht gerade von seiner Krankheit heimgesucht wurde, war er körperlich sogar sehr leistungsfähig. Sonst wäre es nicht zu erklären, daß er die riesigen Strapazen und Beschwernisse, mit denen er auf seinen ausgedehnten Reisen konfrontiert war, verhältnismäßig gut überstand. Er besichtigte dabei Spitäler, Schulen und Industrieanlagen, nahm Paraden ab und an Manövern teil.
Auch die Krönungsfeierlichkeiten, denen er sich unterziehen mußte, verlangten ein hohes Maß an Ausdauer und Selbstbeherrschung. Das Zeremoniell nahm lange Stunden in Anspruch, danach mußten Audienzen gegeben, Cercles abgehalten, Gespräche geführt, Bankette besucht werden.
Wiewohl er sich allen diesen Anforderungen stellte, war Ferdinand für die Riesenaufgabe, ein Großreich zu regieren, von seiner geistigen Kapazität her gesehen, ungeeignet. Das war seinem Vater, den meisten Mitgliedern des Kaiserhauses und auch dem einflußreichen Staatskanzler Clemens Lothar Metternich klar. Erzherzog Carl, der ebenfalls an Epilepsie litt, drängte Kaiser Franz schon zu einem sehr frühen Zeitpunkt, zeitgerecht für eine andere Nachfolge zu sorgen. Metternich soll Ferdinand sogar zum Thronverzicht für seinen jün-

geren Bruder Franz Karl bewogen haben, stieß jedoch seitens des Betroffenen auf heftige Ablehnung.
Franz I., nicht eben ein Mann rascher Entschlüsse, wartete zu. Schließlich raffte er sich, von Metternich beraten und tatkräftig unterstützt, doch zur Entscheidung durch, an der legalen Nachfolge festzuhalten. Der Staatskanzler hatte dafür auch seine persönlichen Gründe. Er glaubte, mit dem regierungsunfähigen Ferdinand als Kaiser leichtes Spiel zu haben.
Bevor er sich endgültig entschied, holte Franz I. 1830 ein ärztliches Gutachten seines Leib- und Hofarztes, Dr. Andreas Ferdinand von Stifft, ein. Stifft, der noch sechs Jahre zuvor dem Kronprinzen die Throneignung abgesprochen und ihm nur eine niedrige Lebenserwartung prophezeit hatte, war nun plötzlich ganz anderer Meinung. Natürlich sei Ferdinand zur Königs- und Kaiserwürde befähigt, selbst seiner Verehelichung stehe nichts im Wege, zeigte er sich nun überzeugt.
Die Nachricht von der medizinischen Kehrtwendung des Hofarztes schlug am Wiener Kaiserhof wie eine Bombe ein. Besonders betroffen war die ehrgeizige Erzherzogin Sophie, die Gemahlin Franz Karls. Die Chance, einmal Kaiserin zu werden, war so gut wie dahin. Sie hatte ihrem Gemahl jedoch am 18. August einen Sohn geschenkt, auf dem jetzt alle ihre Hoffnungen ruhten. Was aber, wenn Ferdinand Nachwuchs zeugen konnte? Dann würden sich auch ihre Aussichten, wenigstens Kaisermutter zu werden, zerschlagen.
Sophie war konsterniert. Die Ärzte fanden für sie den Trost, den sie benötigte. Sie brauche sich nicht zu sorgen, meinten sie. Der kränkliche Thronfolger sei nicht zeugungsfähig, es sei die Frage, ob er die Ehe überhaupt vollziehen könne. Mit der ersten Feststellung sollten die Mediziner recht behalten. Ferdinands Ehe blieb kinderlos. Über die zweite Prognose kann man nur Vermutungen anstellen.
Österreich war schon immer anders. So auch jetzt im Revolutionsjahr 1830. Während in zahlreichen europäischen Ländern die revolutionären Wogen hochgingen, es Tote und Verwundete gab, wurde Ferdinand am 28. September im Preßburger Dom zum König von Ungarn gekrönt. An seiner Nachfolge war jetzt nicht mehr zu rütteln.

Die Krönung ging natürlich mit allen Anzeichen eines großen, aufwendigen Staatsaktes vor sich. Der Hof traf bereits am 13. September bei strömendem Regen in Preßburg ein. Ferdinand war indisponiert, erholte sich aber bald wieder. Die Feierlichkeit wurde mehrmals mit ihm geprobt und einstudiert. »Krone, Mantel, Paradepferd und alles was dazugehört, wurden etliche Male probiert«, notierte Graf Ségur-Cabanac, der langjährige Kammervorsteher Ferdinands.

Als Termin für die Krönung war zunächst der 26. September vorgesehen. Aber da es tagelang in Strömen regnete, mußte die Zeremonie verschoben werden. Schließlich aber war es soweit. Wie von einer unsichtbaren Hand gelenkt, rollten die verschiedenen Etappen der Feierlichkeit ab: der prachtvolle Festzug zum Dom, der Empfang der Majestäten durch den Primas von Ungarn an der Schwelle der Kathedrale, der feierliche Einzug, die Krönungszeremonie. Das alles nahm Stunden in Anspruch. Und vieles schloß sich daran: der Krönungseid, der Ritt zum Königshügel, auf dem Ferdinand nach uralter Sitte das Schwert des heiligen Stephan aus der Scheide zog und es in die vier Himmelsrichtungen schwang, damit symbolisch zum Ausdruck bringend, daß er bereit sei, die Grenzen Ungarns gegen jeden Feind zu verteidigen. Die königliche Tafel schloß sich an, das Bankett der Stände, die Übergabe der Krönungsgeschenke.

Ferdinand hielt sich tapfer. Rein äußerlich ging alles glatt vonstatten. Was sich hinter den Kulissen abspielte, schilderte Ségur-Cabanac seiner Frau: »Am Ende des Mahls fiel mir auf«, berichtete er, »daß sich der Erzherzog äußerst unwohl zu fühlen schien. Ich erhob mich unverzüglich und führte ihn in ein Nebenzimmer. Ich hatte gut daran getan, denn es ging ihm tatsächlich miserabel. Niemand von uns war überrascht oder gar besorgt wegen dieses Vorfalls, denn seine Paradeuniform mußte ihn in der Tat einengen … Es war also nicht weiter verwunderlich, daß ihm in der doch sehr knapp sitzenden Kleidung schlecht geworden war und er keinen Bissen mehr herunterbrachte. Diese Unpäßlichkeit blieb glücklicherweise ohne Folgen, und am Abend schon fühlte er sich wieder wohl genug, um an der von der

Kaiserin gewünschten Zusammenkunft teilzunehmen. Dort spielte er wie gewöhnlich Billard.«

Wer auf die Idee kam, Ferdinand mit einer Italienerin zu verheiraten, ist nicht mehr zu eruieren. Es hätte Staatskanzler Metternich sein können, denn eine solche Heirat paßte durchaus in sein politisches Konzept.
Die Wahl einer Braut für den bedauernswerten österreichischen Thronfolger war zweifellos schwierig. Zu den persönlichen Gründen, die den Bräutigam betrafen, kamen noch die staatspolitischen. Ein Monarch des Hauses Habsburg durfte keine Mischehe eingehen, und seine Gattin mußte einem regierenden Herrscherhaus entstammen. Trotz dieser einengenden Auswahlkriterien wurde man rasch fündig. Die Auserkorene war Maria Anna, eine Tochter Viktor Emanuels I. von Piemont-Sardinien, und seiner Gemahlin Erzherzogin Maria Theresia von Modena d'Este, die im übrigen eine Schwester Marie Ludovicas, der dritten Gemahlin des Kaisers Franz, war. Piemont-Sardinien, der Pufferstaat zwischen Frankreich und Österreich, wurde seit dem Hochmittelalter vom Haus Savoyen regiert. Die Grafen von Savoyen, die im 15. Jahrhundert zur Herzogs- und im 18. Jahrhundert zur Königswürde aufstiegen, wurden im Verlauf der Geschichte oft genug in den Machtkampf zwischen den Bourbonen und den Habsburgern hineingezogen, wechselten die Fronten, suchten ihre Vorteile daraus zu ziehen. Der Wankelmut und die Treulosigkeit der savoyischen Politik waren in Europa sprichwörtlich. Prinz Eugen, das berühmteste Mitglied des Hauses, kommentierte das einst so: »Die Natur der Lage ist es, die hier Verrat treibt.«
Am Turiner Hof regierte nicht der König, sondern die Frömmigkeit. Die Religion war der bestimmende Faktor, dem sich alles unterzuordnen hatte. Der Tagesverlauf wurde von Andachtsübungen bestimmt, Fröhlichkeit und Feste blieben auf besondere Anlässe beschränkt, selbst das Theaterspiel war nur im Karneval gestattet. Die (meisten) Könige aus dem Haus Savoyen waren selbstherrlich, fortschrittsfeindlich und bigott. Karl Emanuel IV., der Großvater Maria Annas, suchte nach seiner Abdankung geistlichen Trost in Klöstern, und auch der

Vater, Viktor Emanuel, hörte mehr auf seinen Beichtvater als auf seine Ratgeber.

Viktor Emanuel I. war fromm und gutmütig, aber seine Geistesgaben waren bescheiden und lagen weit hinter jenen seiner Gemahlin, die nach einem ungewöhnlichen Ausleseverfahren, einer Art Schönheits- und Charakterprüfung, den anderen Konkurrentinnen vorgezogen worden war. Als der Turiner Hof für den Prinzen eine Braut suchte, holte man in ganz Italien Nachrichten über die körperliche, geistige und charakterliche Beschaffenheit der in Frage kommenden Kandidatinnen ein. Schönheit, Größe, Hautfarbe, Zustand der Zähne usw. wurden einer Prüfung unterzogen, die Lebenseinstellung und die Charaktereigenschaften zu ergründen versucht. Insbesondere wollte man wissen, ob die Prinzessin bereits die Pocken überstanden habe oder zumindest dagegen geimpft sei.

Maria Theresia, der Tochter Erzherzog Ferdinand Karls, eines Sohnes der österreichischen Herrscherin Maria Theresia, wurde der Preis des Paris zuteil. Sie muß eine ungewöhnlich schöne Frau gewesen sein. Karl Felix, der Bruder Viktor Emanuels und dessen Nachfolger als König, charakterisierte sie in seinem Tagebuch: »Sie ist sehr hübsch, ein rundes Gesicht, schöne Hautfarbe, die Haare aschblond, die Augen von einem klaren Blau, sehr groß und schön liegend. Sie hat sehr schöne Zähne, ist sehr gut gebaut, tritt bescheiden und schüchtern auf, aber ohne Verlegenheit.«

Die Hochzeit fand im Revolutionsjahr 1789 statt, der Ehe entsprossen ein Sohn, der jedoch im Alter von drei Jahren den Pocken zum Opfer fiel, und vier Töchter.

Maria Anna, die bezeichnenderweise den Beinamen Pia erhielt, wurde mit ihrer Zwillingsschwester Maria Theresia am 19. September 1803 in Rom geboren. Zu diesem Zeitpunkt gab es kein Königreich Piemont-Sardinien mehr. Die Französische Revolution war wie ein Sturmwind über das absolutistisch regierte Staatsgebilde hinweggebraust, 1802 war es durch Napoleon in den französischen Staatsverband eingegliedert worden. Viktor Emanuel befand sich im Exil, Maria Anna war gewissermaßen ein Emigrationskind. Ihre Kindheit und frühere Jugend waren vom Flüchtlingsschicksal bestimmt.

Napoleon Bonaparte ordnete Italien neu. Der größte Teil des Nordens und Teile Mittelitaliens bildeten das Königreich Italien und unterstanden ihm selbst, der Süden bildete das Königreich Sizilien und war seinem Schwager Murat unterstellt. Die übrigen Regionen (Piemont, die Toskana, Umbrien und Latium mit Rom) waren direkt mit Frankreich vereinigt.
In allen diesen Gebieten gab es einen mehr oder minder tiefreichenden gesellschaftspolitischen Modernisierungsschub. Der neue Code civile wurde eingeführt, die rechtliche und bürgerliche Gleichheit dekretiert, die Freiheit der Religion proklamiert. Viktor Emanuel ging zunächst mit seiner Familie nach Gaeta, von dort nach Neapel und lebte zuletzt im sardinischen Cagliari in einer bescheidenen Flüchtlingsresidenz. Dort wartete er mit Ungeduld das Schicksal des Korsen ab, immer auf dem Sprung, in sein angestammtes Königreich und somit an die Macht zurückzukehren.
Am 2. Mai 1814 kehrte er auf einem englischen Kriegsschiff auf das Festland zurück, drei Wochen später zog er in Turin ein. Er kam zurück, wie er seine Hauptstadt verlassen hatte: mit Kniehose und gepuderter Perücke, den äußeren Attributen des absoluten Herrschers. Schon am Tag nach seiner Rückkehr hob er mit einem Federstrich sämtliche von der Französischen Revolution veranlaßten Neuerungen auf und befahl die Entlassung aller jener Personen aus dem Staatsdienst, die mit den Franzosen zusammengearbeitet hatten. Die Jesuiten wurden zurückberufen. Viktor Emanuel hatte absolut nichts dazugelernt.
Der König rüstete mit Zielrichtung gegen die österreichische Lombardei ein stehendes Heer von 80 000 Mann auf und unterdrückte jegliche freiheitliche Regung. Der Steuerdruck auf die Bevölkerung wuchs.
Das Ende kam verhältnismäßig rasch. 1821 gab es in Turin eine Volkserhebung, in deren Verlauf der König zugunsten seines Bruders Karl Felix, der wie er ein Vertreter des Herrschertums von Gottes Gnaden war, abdankte. Drei Jahre später ist er friedlich gestorben.
Maria Anna hat alle diese Ereignisse in ihren prägenden Jugendjahren miterlebt. Sie wurde sorgfältig erzogen, erlernte Fremdsprachen – sie

drückte sich außer in ihrer Muttersprache mündlich wie schriftlich mit Vorliebe französisch aus – und erhielt eine gute Allgemeinbildung, bei der die religiöse Unterweisung die dominierende Rolle spielte.

Der Heirats- und Ehekontrakt zwischen König Karl Felix, dem Onkel und Vertreter Maria Annas, und Kaiser Franz, der für seinen Sohn Ferdinand agierte, war im Januar 1831 unterschriftsreif. Er weist keine Besonderheiten auf. Von den fünfzehn Artikeln, die er umfaßt, fällt lediglich Artikel zehn aus der traditionellen Schablone. Der Prinzessin wird darin die Option zugestanden, in der Hofburg zu residieren oder, wie es wörtlich heißt, »in einer anderen Residenz, in einem anderen Palais oder Schloß der Monarchie« zu wohnen. Die Räume sollten auf Kosten des Kaisers eingerichtet und ausgestattet werden. Als Morgengabe erhielt die Braut 40 000 Gulden Konventionsmünze, als jährliches »Spenadlgeld« wurde ein Betrag von 50 000 Gulden festgesetzt. Zum Vergleich: Ein Arbeiter verdiente bei einer täglichen Arbeitszeit von zwölf bis vierzehn Stunden jährlich etwa 200 Gulden.
Wie das in solchen Fällen üblich war, ging der eigentlichen Hochzeit in Wien eine »stellvertretende« in Turin voraus. Sie fand am 12. Februar 1831 im Dom statt und war vergleichsweise wesentlich festlicher und fröhlicher als jene in der Kaiserstadt. Der Bräutigam wurde dabei durch König Karl Felix vertreten. Der König ließ es sich nicht nehmen, seine Nichte am nächsten Tag persönlich auf den Weg in ihre neue Heimat zu begleiten. Dieser führte sie zunächst inkognito unter dem Namen einer Gräfin von Habsburg nach Mailand, wo am Sitz des Vizekönigs von Lombardei-Venetien in einem reich dekorierten Saal, der zu diesem Zweck zum neutralen Boden erklärt wurde, nach dem üblichen Zeremoniell die Übergabe der Braut stattfand. Abends gab es eine Festvorstellung in der Scala, ein glänzender Ball beschloß den Tag. König Karl Felix trat die Heimreise an und starb kurz nach seiner Rückkehr. Maria Anna, die vom Tod des Onkels erst später erfuhr, erreichte über Brescia, Görz, Laibach, Graz und Wiener Neustadt am 24. Februar Neunkirchen, wo Ferdinand sie erwartete.

Braut und Bräutigam standen einander zum erstenmal gegenüber. Was mag Maria Anna beim Anblick ihres zukünftigen Gemahls gedacht, was gefühlt und empfunden haben? Was der Bräutigam, als er seine Braut sah? Maria Anna war keine strahlende Erscheinung. Sie war schmalbrüstig, ihr ovales, von der scharfgeschnittenen Nase beherrschtes Gesicht saß auf einem langen Hals. Sie hatte eine auffallend hohe Stirn, einen verträumten Blick und war feingliedrig. Den Vergleich mit dem Bräutigam brauchte sie allerdings nicht zu scheuen.
Maria Anna war nach Geburt und Erziehung Italienerin. Aber in ihren Adern floß habsburgisches Blut. Sie war eine Urenkelin der großen Maria Theresia, was übrigens auch Ferdinand, vom Mannesstamm her gesehen, von sich behaupten konnte. Genetische Degenerationserscheinungen, durch die zahlreichen Verwandtenehen in den Generationen vor ihnen bewirkt, waren an ihrem Äußeren deutlich ablesbar.
Nach dem ersten Zusammentreffen fuhr Ferdinand in die Hofburg zurück, Maria Anna begab sich mit ihrem Gefolge, auch diesmal inkognito, nach Schönbrunn. Die Nacht vom 26. auf den 27. Februar 1831 verbrachte sie in der Theresianischen Militärakademie, von wo aus an diesem Tag der feierliche Einzug der Braut in die Kaiserstadt seinen Ausgang nahm. Er erfolgte nach dem üblichen Zeremoniell.
Bei der Ankunft im Burghof wurde die Braut vom Bräutigam am Wagenschlag der Hofkarosse geziemend empfangen und in das Innere geleitet. Es folgte der Empfang durch das Kaiserpaar, die Vorstellung des Hofstaates, des Adels und des diplomatischen Korps. Daran schloß sich eine öffentliche Tafel. Um halb fünf Uhr nachmittags fand dann über persönliche Anordnung des Kaisers »ohne jedwedes Gepränge und ganz im Stillen« die Trauung des Paares in der Kammerkapelle der Hofburg statt. Trauzeugen waren der Kaiser und die Kaiserin, die religiöse Handlung wurde von Erzbischof Rudolf, dem Kardinal-Erzbischof von Olmütz, vollzogen. Der musikbegabte jüngste Sohn Kaiser Leopolds II. war übrigens ein emsiger und verdienstvoller Förderer Ludwig van Beethovens.
Als offizielle Begründung für die im österreichischen Kaiserhaus ungewöhnliche Trauungszeremonie, die an Schlichtheit nicht zu über-

bieten war, wurde der Beginn der Fastenzeit vorgeschützt. In Wahrheit wollte der kaiserliche Hof jedes Aufsehen vermeiden. Möglicherweise wurde der Hochzeitstermin schon von vornherein mit Rücksicht auf diese Begründung so gewählt. Oder war es die verlöschende Choleraepidemie, die ein öffentliches Auftreten nicht ratsam erscheinen ließ?
Über das neue Mitglied des Kaiserhauses und die ersten Ehemonate gibt es ein paar widersprüchliche zeitgenössische Beobachtungen und Aussagen. Erzherzogin Sophie schrieb am 8. März 1831 an ihre Mutter in München: »Wir können dem Himmel nicht genug danken, uns ein solch gutes und sanftes Wesen gesendet zu haben, das seine eigentlich trostlose Existenz mit so viel Ergebung und Gleichmut erträgt. Ich glaube, wenn man Ferdinand nicht sagte, er solle von seinem Gattenrecht Gebrauch machen, er niemals daran denken würde, es zu tun.« Kaiserin Karoline Auguste meinte: »Unsere junge Hochzeit geht sehr gut. Ferdinand ist immer sehr zufrieden ... Marianne scheint sehr an ihn attachiert zu sein. Sie scheint sehr sensibel, ich glaube nicht, daß er eine bessere Wahl hätte treffen können.« Sie hätte formulieren sollen: Ferdinand hätte nichts Besseres passieren können als eine solche Ehefrau.
Erzherzog Johann beurteilte die Ehe ein paar Jahre später ausgesprochen negativ. »So sind Ansichten eingetreten«, kommentierte er scharf, »welche man nur bei Narren findet und eine gänzliche Unkenntnis der Welt ... Es beschränkt sich alles auf finstere Begriffe und sie wandelt in einem Irrgarten von Skrupeln, aus welchen sie sich nicht zu retten vermag.«

Maria Anna war um ihr Los nicht zu beneiden. Sie wurde zwar am Kaiserhof herzlich aufgenommen, der Kaiser behandelte sie mit gütigem, väterlichem Wohlwollen, die Kaiserin, die nur ein wenig mehr als ein Jahrzehnt älter war als sie, brachte ihr viel Verständnis entgegen und fühlte sich mir ihr durch das Band der Religion verbunden. Gleichwohl gab es natürlich Eingewöhnungs- und Verständigungsschwierigkeiten. Maria Anna war der deutschen Sprache nicht mächtig und sie erlernte sie nie richtig, obwohl sie bei Abt Nicola Negrelli, einer Person ihres Vertrauens, eine Zeitlang Deutschunterricht nahm. Bis an ihr Lebensende drückte sie sich vorwiegend in ihrer Muttersprache und im Französischen aus, schirmte sich, umgeben von ihren italienischen Ratgebern, von Außenstehenden ab. Sie war ein in sich gekehrter, introvertierter, bescheidener Mensch. Sie lebte nach innen.

Mit ihrem Gemahl kam sie gut zurecht und schätzte ihn umso mehr, je näher sie ihn kennenlernte. Sie sorgte sich um seine Gesundheit, sie pflegte ihn persönlich, wenn es not tat, half jedenfalls bei seiner Pflege mit. Den Arzt konnte sie ihm natürlich nicht ersetzen.

Ferdinand blieb im ersten Jahr nach seiner Eheschließung von schweren Anfällen verschont. Dann aber, im Jahr 1832, brach das Schicksal mit voller Wucht über die bedauernswerte Frau herein. Am 28. März 1832 starb im Alter von 59 Jahren die vielbewunderte Mutter, im Mai traten beim Kronprinzen wieder gehäuft epileptische Konvulsionen auf.

Für Maria Anna muß der erste Anblick des von heftigen Zuckungen gequälten Körpers ihres Gemahls, die von lallendem Gestammel, Fieber und Erbrechen begleitet waren, furchtbar gewesen sein. Sie hat sich gewiß mit der Zeit daran gewöhnt.

In diesem verhängnisvollen Jahr sollte es noch schlimmer kommen. Kaiser Franz I. verbrachte eine Zeitlang die Sommermonate in der schönen Kurstadt Baden bei Wien. So auch 1832. Der Kronprinz und seine junge Gemahlin (Maria Anna war um zehn Jahre jünger als er) nahmen ebenfalls dort Aufenthalt. Eines schönen Sommertages, Anfang August, unternahm er mit seinem Adjutanten einen Spaziergang Richtung Helenental. Die beiden Spaziergänger hatten erst eine kurze Strecke Weges zurückgelegt, als plötzlich ein hinter ihnen gehender Mann eine Pistole zog und einen Schuß auf Ferdinand abgab. Die Kugel traf die Schulter des Kronprinzen, blieb aber in der Rockwattierung stecken. Ferdinand blieb beinahe unverletzt. Der Attentäter, ein wegen Trunksucht aus der Armee entlassener Offizier, wurde überwältigt, der Kronprinz ärztlich versorgt. Die so unwillkommen unterbrochene kaiserliche Sommerfrische ging weiter.

Das Attentat, so darf man annehmen, blieb für den Kronprinzen nicht ohne Folgen. Im Dezember 1832 wurde Ferdinand von so schweren epileptischen Anfällen heimgesucht, daß ihm die Sterbesakramente gereicht werden mußten. Am Heiligen Abend, so steht bei Gerd Holler zu lesen, soll er von 22 schweren Anfällen gepeinigt worden sein. Es war ein trauriges Weihnachtsfest. Ferdinand überlebte. Der von den Ärzten oft totgesagte Kaiser wurde 82 Jahre alt!

Wie mag Maria Anna das alles ertragen haben? Die bemitleidenswerte Gattin des österreichischen Kronprinzen, war von zarter Konstitution und keineswegs von robuster Gesundheit. Aus den Rezeptgebühren der Hofapotheke und den wenigen Aufzeichnungen von ihr und über sie, die erhalten geblieben sind, ergibt sich das Bild einer kränkelnden Frau, die häufig ärztliche Hilfe in Anspruch nehmen mußte bzw. durch Kuraufenthalte im heimatlichen Italien Erholung suchte.

Maria Anna benötigte in der Hofburg und in Schönbrunn, wo sie sich mit ihrem Gemahl den Sommer über aufhielt, medizinische Dauerbetreuung. Es verging kaum eine Woche, in der sie nicht vom Hofarzt Medikamente (Tabletten, Tinkturen etc.) gegen Bronchialkatarrh, Magenverstimmung, Verstopfung und »Beruhigungspillen« verschrieben bekam. Im Juli 1837 wurde sie im Alter von 34 Jahren in Ischl von den Masern befallen und mußte einige Zeit das Bett hüten. »Der Kaiserin geht es den Umständen entsprechend«, berichtete Graf Ségur-Cabanac am 1. August seiner Frau. »Sie schläft viel, ihr Appetit hat sich wieder eingestellt, ihre Haut schält sich noch nicht. Sie wagt noch nicht aufzustehen.« Im Jahr darauf war sie abermals bettlägerig. Im Frühjahr 1841 hielt sich Maria Anna einige Monate zur Erholung im milden Klima des Südens in Modena auf. Sie berichtete in ihrer zarten, zierlichen Handschrift ihrem Gemahl fast täglich kurz und in eher stereotypen Wendungen über ihr Befinden, das Wetter und sonstige Alltäglichkeiten. Aus diesen Briefen (einige sind erhalten geblieben) ist abzulesen, daß sie mit ihrem »carissimo Ferdinando«, ihrem »armen Kleinen«, den sie »vom Herzen umarmt und liebt« und dem sie sich »zu Füßen legt«, eine herzliche, innige Beziehung verband. An Ségur-Cabanac, der sie über die Vorgänge bei Hof auf dem laufenden hielt, schrieb sie: »... Eure guten Nachrichten über den Gesundheitszustand des Kaisers haben mich zutiefst beruhigt ... Ich bin wirklich sehr beruhigt, Euch in der Nähe des Kaisers zu wissen und

ich danke Euch vom Herzen für alles, was Ihr für ihn getan habt …«
Den Briefen der Kaiserin Karoline Auguste an Ferdinand ist zu entnehmen, daß Maria Anna im Frühjahr 1849 wiederum das Bett hüten mußte. Zwei Jahre später, im Februar 1851, schrieb sie dem Stiefsohn: »… meinen herzlichsten innigsten Glückwunsch zur Genesung der Kaiserin. Obgleich sie nie in augenscheinlicher Gefahr war und die Berichte, welche mittels Telegraph regelmäßig hierher gelangten [an den Kaiserhof in Wien, Anm. d. Verf.] stets beruhigend lauteten, ist man doch unaussprechlich bange, umso größer war meine Freude über die Anzeige, sie gehe so gut, daß keine Bulletins mehr erscheinen werden … aber schwach wird sie noch lange bleiben.«
Am 14. April 1851 sandte sie folgendes Schreiben nach Prag: »… Mit Vergnügen erfahre ich, daß die Gesundheit der Kaiserin sich mit jedem Tag beßert und ich hoffe sicherlich, daß der Gebrauch der Seebäder sie vollkommen herstellen wird, nur wünsche ich, daß sie die Reise nach Italien gleich Anfang Juni antreten möchte, da die Hitze ihr später sehr lästig fallen würde.«
Was fehlte der Kaiserin? Woran litt sie? Die Vermutung liegt nahe, daß ihre vielen Krankheiten psychosomatischer Natur waren. Vor 150 Jahren war die medizinische Wissenschaft von solchen Überlegungen natürlich noch meilenweit entfernt.

Am 2. März 1835 war Kaiser Franz I. an einer Lungenentzündung gestorben. Noch knapp vor seinem Tod hatte der Monarch, der 43 Jahre lang behutsam die Geschicke seiner Länder und Völker gelenkt hatte, in zwei Handschreiben Ferdinand einige Ratschläge mit auf den Weg gegeben. »Verrücke nichts an den Grundlagen des Staatsgebäudes«, hieß es darin etwa, »regiere und verändere nichts … Übertrage auf den Fürsten Metternich, Meinem treuesten Diener und Freund, das Vertrauen, welches Ich ihm während einer so langen Reihe von Jahren gewidmet habe. Fasse über öffentliche Angelegenheiten, wie über Personen, keine Entschlüsse, ohne ihn darüber gehört zu haben. Dagegen mache Ich es ihm zur Pflicht, gegen dich mit derselben Aufrichtigkeit und treuen Anhänglichkeit vorzugehen, die er Mir stets bewiesen hat.«

Dem »vielgeliebten Sohn« blieb gar nichts anderes übrig, als die Ratschläge des kaiserlichen Vaters zu befolgen. Ferdinand hatte kein eigenes Profil, er war auf die tatkräftige Hilfe seiner engsten Mitarbeiter angewiesen, er war regierungsunfähig. Die Regierungsgeschäfte wurden ab Dezember 1836 von einem kollegialen Organ, der sogenannten »Staatskonferenz«, besorgt, dessen Vorsitz der unbedeutende Bruder des verstorbenen Kaisers, Erzherzog Ludwig, innehatte. Dem Gremium gehörten neben Staatskanzler Clemens Lothar Metternich und seinem Intimfeind Franz Anton Kolowrat auch noch Franz Karl, der jüngste Bruder Franz' I., als ständiges Mitglied an. Falls es erforderlich war, wurden den Beratungen auch die leitenden Staatsminister beigezogen.
Der Kaiser war politisch nur selten aktiv, etwa Ende September 1835, als er im Kurort Teplitz in Böhmen mit dem russischen Zaren Nikolaus I. und dem Preußenkönig Friedrich Wilhelm III. zusammentraf. Welchen verheerenden Eindruck er auf die Zarin hinterließ, wurde bereits zitiert. Die Kaiserin hingegen wurde ihrer neuen Rolle durchaus gerecht. »Das meiste Aufsehen hier in Teplitz erregt sicherlich unsere Kaiserin«, schrieb Ségur-Cabanac an seine Frau. »Ihre Würde, ihre Höflichkeit und ihre Gewandtheit entsprechen exakt dem Bild der ersten Dame des Reiches. Sie tanzt nur selten, aber wenn sie es dann doch einmal tut, bewegt sie sich mit einer unglaublichen Anmut und Grazie, so daß alle restlos von ihr hingerissen sind.«
Seinen Repräsentationsverpflichtungen unterzog sich Ferdinand mit großer Geduld und zähem Durchhaltewillen. Die erste Probe seiner Ausdauer gab der Kaiser im Juni 1835 bei der Erbhuldigung durch die niederösterreichischen Stände, die viele Stunden in Anspruch nahm. Im Jahr darauf, am 7. September 1836, wurde das österreichische Kaiserpaar in Prag zum König bzw. zur Königin von Böhmen gekrönt. Bei den strapaziösen Vorbereitungen und den Nachwehen dieses Ereignisses, beim Einzug in die Stadt, der Huldigung der Stände, den Audienzen mit dem Klerus, den Militärs und anderen Persönlichkeiten, den religiösen Handlungen und Theaterveranstaltungen, den Bällen und Feuerwerken und während der ermüdenden Krönungszeremonie selbst bewies der Monarch seine Standfestigkeit.

Kammervorsteher Ségur-Cabanac, der Regie führte, war freilich hörbar erleichtert, als das große Ereignis vorüber war. »Gott sei's gedankt«, schrieb er an seine Gattin, und man glaubt den Stein poltern zu hören, der ihm vom Herzen fiel, »die wichtigste von unseren Feierlichkeiten ist beendet. Alles verlief planmäßig und ohne den geringsten Zwischenfall, der die größte Verwirrung hätte stiften können. Die gesamte Zeremonie war vom Anfang bis zum Ende von Ordnung geprägt ... Ich war außer mir vor Freude, als ich den Kaiser glückstrahlend, lustig und in keiner Weise abgekämpft anschließend getroffen habe. Gott schützt ihn wohl in erstaunlicher Weise.« Ein paar Tage später erkrankte Ferdinand, erholte sich aber bald wieder. Ségur: »Der Kaiser ist richtig froh, daß er nicht während der Feierlichkeit von diesem Unwohlsein befallen worden ist.«
Über die Krönung der Kaiserin notierte der Kammervorsteher Ferdinands: »Jene Prinzessin muß bereits in der Wiege mit Würde und Anmut versehen worden sein, anders kann ich mir ihr perfektes Benehmen nicht erklären. Ein jeder hier ist von ihrem Charme hingerissen ...«
Drei Jahre nach den Ereignissen in Prag wurde Ferdinand im Dom von Mailand zum König von Lombardo-Venetien gekrönt. Der feierliche Einzug des Kaiserpaares in der Stadt erfolgte am 1. September 1838. Nach der Überreichung der Schlüssel der Stadt durch den Bürgermeister führte der Weg des Festzuges zur Kathedralkirche, wo ein Tedeum abgehalten wurde. Anschließend bezogen Ferdinand und Maria Anna mit ihrer Suite die Hofappartements im Palazzo Reale. Bis zur Krönung fünf Tage später gab es eine Galavorstellung in der Scala und die üblichen Festivitäten. Das umfangreiche Programm, das äußerlich in einem prachtvollen Rahmen ablief, setzte dem Kaiser gesundheitlich zu. Graf Ségur hielt nach der Krönungszeremonie fest: »Ich bangte schon um die Gesundheit unseres Kaisers, da sich der ganze Ablauf ziemlich hinauszog und für die Beteiligten ziemlich anstrengend war ...«
Da der Zeremonienmeister offensichtlich nicht im Bilde war, ergriff Ségur die Initiative. »Ich begleitete nun den Kaiser auf Schritt und Tritt«, berichtete er. »Ich führte ihn zum Thron, zum Altar; als er die Kommunion empfing, stand ich neben ihm; ich reichte ihm die

Krone, Zepter und Reichsapfel und nahm sie ihm wieder ab, wenn es erforderlich war. Demnach wurde diese feierliche Handlung ausschließlich vom Erzbischof und von mir bestritten ...« Das Versagen des Zeremonienmeisters blieb weitgehend unbemerkt, es verlief alles nach Plan, das österreichische Kaiserpaar machte einen guten Eindruck und wurde umjubelt. In Venedig, wohin sich das Kaiserpaar anschließend begab, war es nicht anders.

Kaiser Ferdinand I. regierte nicht, er hatte keinen eigenen politischen Willen. Er ließ den Dingen seinen Lauf, tat, was andere für richtig oder falsch hielten. Und so konnte es geschehen, daß er 1837 seine Zustimmung zur Vertreibung der Zillertaler Protestanten aus ihrer angestammten Heimat gab und zehn Jahre später seine Einwilligung zur Gründung der Akademie der Wissenschaften.

Von epileptischen Anfällen mit zunehmenden Jahren mehr und mehr verschont, widmete er sich seinen persönlichen Vorlieben und gemeinsam mit seiner frommen Gemahlin karitativen Aufgaben. Maria Anna stiftete Betten in dem von Ludwig Wilhelm Mautner 1837 gegründeten und nach ihm benannten Kinderspital, sie unterstützte katholische Orden und Kirchen mit namhaften Geldbeträgen. Von der Politik hielt sie sich weitgehend fern. Nur dann und wann nahm sie Einfluß. So empfing sie etwa 1846 in Linz die russische Zarin mit ihrer Tochter, Großfürstin Olga, gegen deren Heirat mit Erzherzog Albrecht sie sich aus religiösen Gründen ausgesprochen hatte.

Der Kaiser stand gegenüber den liberalen Zeitströmungen, die den Sturz des vormärzlichen absolutistischen Polizei- und Zensurstaates zum Ziel hatten, ebenso auf verlorenem Posten wie sein einflußreicher Staatskanzler Metternich. Als am 13. März 1848 auch in Wien der Revolutionssturm losbrach, mußte der verhaßte Kanzler ins Ausland fliehen, während der für unzurechnungsfähig geltende Ferdinand der Revolution kluge Zugeständnisse machte: Er gewährte Pressefreiheit, versprach eine Konstitution und fuhr in einem offenen Wagen, von Erzherzog Franz Karl und dessen Sohn Franz (Joseph) begleitet, durch die Straßen der Residenz. Das Volk war begeistert, der Kaiser wurde gefeiert, seine Güte gepriesen. Ferdinand stand am Zenit seiner Popularität.

Wie sich Kaiserin Maria Anna in diesen aufwühlenden Revolutionstagen verhalten hat, darüber gibt es keine schriftlichen Belege, wohl aber eine Fülle von Mutmaßungen. Sie soll sich am 13. März mit ihrem Beichtvater besprochen und viel gebetet haben (was durchaus glaubwürdig ist), sie soll mit Metternich vor dessen Abdankung über die Abdankung ihres Gemahls gesprochen haben (was wenig wahrscheinlich ist), sie soll sich in diesen Umsturztagen ruhig und »männlich« verhalten haben. Was sie wirklich getan und was sie gelassen hat, weiß heute niemand mehr. Ihre Sympathien gehörten jedenfalls auch in Italien nicht den Aufständischen, sondern der kaiserlichen Armee, wie aus einem Schreiben an Feldmarschall Radetzky hervorgeht.
Bei der Flucht des Kaiserhofes im Mai 1848 nach Innsbruck spielte sie aber gewiß eine nicht unwesentliche Rolle. Sie mußte den Kaiser, als dieser den Zweck der als Ausfahrt getarnten Reise erkannte, in Sieghartskirchen zur Weiterfahrt bewegen.
Der Kaiserhof kehrte am 12. August wieder in die Hofburg zurück, aber nur für knapp zwei Monate. Nach einem neuerlichen Aufflackern der Revolution packte man am 7. Oktober 1848 abermals die Koffer. Diesmal war Olmütz der Bestimmungsort, wo der Kaiser und die Kaiserin mit ihrem Hofstaat in der fürsterzbischöflichen Residenz Quartier bezogen.
Ferdinands Zeit als Kaiser neigte sich dem Ende zu. Die Monarchie benötigte in dieser bewegten, aufgewühlten Zeit nicht nur eine starke Regierung, sondern auch einen tatkräftigen Monarchen. Der starke Mann, dem man zutraute, die revolutionären Kräfte zu bändigen, stand schon bereit. Es war der 48jährige, im diplomatischen Dienst frühzeitig ergraute Fürst Felix Schwarzenberg. Ferdinand ernannte ihn im November zum Ministerpräsidenten, und der schlanke, hochgewachsene Lebemann ging sogleich daran, die Möglichkeiten für einen Thronwechsel zu sondieren. Gemeinsam mit der ehrgeizigen Erzherzogin Sophie, die nun ihre Stunde gekommen sah, ging man hinter den Kulissen ans Werk, spann man geschickt die Fäden.
Wie die vielen Gespräche liefen, die geführt werden mußten, um ans Ziel zu kommen, wer mit wem konferierte und intrigierte, welche

Argumente mit welchen Mitteln eingesetzt wurden, all das wird sich nie mehr rekonstruieren lassen.
Die Erzherzogin brachte ihren ältesten Sohn, ihren geliebten Franzi, als künftigen Kaiser forciert ins Spiel und übernahm die Aufgabe, ihren Gatten zur Aufgabe seiner Thronrechte zu überreden. Maria Anna hat mit hoher Wahrscheinlichkeit Ferdinand dazu bewogen, auf die Kaiserwürde zu verzichten, sie in jüngere Hände zu legen. Sie wußte am besten, wie es um ihren Gemahl stand, sie hatte Zugang zu seinem Herzen, und sie war wohl selbst nicht mehr länger bereit, die Aufgaben einer Kaiserin zu erfüllen. Letztendlich fügten sich alle in ihr von Menschenhand gezimmertes Schicksal. Ferdinand verzichtete auf den Thron, sein Bruder auf seine Nachfolgerechte. Der 18jährige zukünftige Kaiser mußte sehr gegen seinen Willen den Namen Franz Joseph annehmen.
Spätestens am 30. November 1848 war alles unter Dach und Fach, denn an diesem Tag schrieb der abtretende Kaiser an Generalfeldmarschall Radetzky: »Lieber Feldmarschall Graf Radetzky, Ich verlaße den Thron Meiner Väter mit dem beruhigenden Bewußtseyn, mit Meinem Willen nie etwas unterlaßen zu haben, was zum Wohle meiner Völker hätte beytragen können; auch Mein jetziger wohlüberlegter Entschluß beruht auf dieser Gesinnung. Indem Ich ihn ausführe, will ich noch ein Wort an den Mann richten, dem Ich es unmittelbar verdanke, daß ich die Monarchie ungetheilt in ihrer Integrität Meinem geliebten Neffen und Nachfolger übergeben kann. Sie haben nach mehr als durch ein halbes Jahrhundert dem Staate mit stets gleicher Treue und unermüdeter Thätigkeit geleisteten wichtigen Dienste denselben von der Uebermacht eines eingedrungenen Feindes, an der Spitze Meiner heldenmüthigen Armeen siegreich befreyt; dieß sind Tatsachen, für die Ihnen die Monarchie ewig verpflichtet bleibt – empfangen Sie dafür in dem Augenblick, als Ich die Zügel der Regierung in jüngere, kräftigere Hände lege Meinen wiederholten tiefgefühlten Dank.«
Die hinter verschlossenen Türen besiegelten privaten Vereinbarungen erhielten am 2. Dezember 1848 im Thronsaal der fürsterzbischöflichen Residenz zu Olmütz im Beisein der anwesenden Mitglieder der

kaiserlichen Familie und etlicher kaiserlicher Minister ihre staatsrechtliche Legitimierung. Der Kaiser verlas mit bewegter Stimme seine Verzichtserklärung. Franz Joseph nahm, vor ihm niederkniend, seine Segenswünsche entgegen. Die Kaiserin ließ ihren Neffen, dem sie sehr zugetan war, für einen Kniefall keine Zeit. Sie beugte sich zu ihm nieder, zog ihn an sich, umarmte und küßte ihn. Ein Kapitel österreichischer Geschichte war zu Ende.

Ferdinand und seine Gemahlin Maria Anna zogen sich nach dem Ende der Abdankungszeremonie in ihre Gemächer zurück. Was in ihnen vorgegangen ist, hat nie jemand erfahren. In seinem Tagebuch notierte der Exkaiser trocken: »... Bald darauf hörten ich und meine liebe Frau in der Kapelle der erzbischöflichen Residenz die heilige Messe. Nachher packten ich und meine liebe Frau unsere Effekten zusammen ...« Dann setzte sich das Paar in eine Kutsche, die sie zum Bahnhof brachte. Dort verabschiedete es sich von den Familienangehörigen und dampfte in einem Sonderzug ab nach Prag. Siebzig Jahre später spielte sich unter anderen Umständen und in einer anderen politischen Situation auf einem kleinen Bahnhof im Marchfeld Ähnliches ab. Im Dezember 1848, als Ferdinand abgedankt hatte, kämpfte die Monarchie als Staatsform um ihren Weiterbestand, im März 1919, als Kaiser Karl mit einem Sonderzug in das Schweizer Exil fuhr, gab es die alte k.u.k. Monarchie nicht mehr.
Kaiser Ferdinand hatte ursprünglich nicht die Absicht, sich auf Dauer in Prag niederzulassen. Er hätte Innsbruck, wo er die beiden nächsten Sommer verbrachte, als Aufenthaltsort vorgezogen. Aber dann entschloß er sich doch, sich auf dem Hradschin, und zwar im ersten Stock des Stadttraktes, häuslich einzurichten. Schließlich hatte er nur die Kaiserwürde zurückgelegt. König von Böhmen war er geblieben, und die Tschechen brachten ihm große Sympathien entgegen. Und zudem konnte er von Prag aus die böhmischen Güter, die ihm zugefallen waren, leichter und bequemer verwalten.
Die Kaiserin fühlte sich in Prag offenbar von allem Anfang an wohl. Vor allem aber war sie froh, aller offiziellen Pflichten ledig zu sein und sich ganz der Pflege ihres Mannes widmen zu können. An Erzherzo-

gin Sophie schrieb sie am Tag nach der Ankunft in der Hauptstadt Böhmens: »Hier in Prag hören wir nichts, sehen niemanden unter unseren Fenstern vorbeigehen … Es ist eine selige Ruhe, denn ich kenne den Wirbel. Der Kaiser besitzt einen wahren, tiefinnerlichen Glauben und läßt sagen, daß er sich den Umständen entsprechend einigermaßen wohl befindet … Küß' mir, liebe Sophie, diesen Engel von einem Kaiser [Franz Joseph, Anm. d. Verf.], den ich wie einen Sohn liebe und für den ich immer beten werde.«

In der Hofburg war der Neffe oft in ihren Gemächern zu Gast gewesen, hatte dort gespielt und später bei ihr gespeist. Franz Joseph blieb ihr auch als Kaiser herzlich verbunden. Auch die Beziehung zu Ferdinand hielt er selbstverständlich aufrecht. Trost für Ferdinand kam auch von seiner Stiefmutter Karoline Auguste. Er habe während der letzten Jahre seiner Regierung viel Schmerzliches erfahren, aber auch viel Tröstliches, schrieb sie ihm kurz nach der Abdankung, ihr Herz sei ihm dankbar ergeben.

Ferdinand nahm nach Prag seinen Hofstaat mit, der neben den höchsten Hofchargen, dem Obersthofmeister, den Adjutanten, Leibärzten und Sekretären für ihn und seine Gemahlin immerhin die beachtliche Zahl von 65 Bediensteten, von den Kammerdienern über die Kellermeister bis zu den Hufschmieden umfaßte. Für seine Hofhaltung erhielt der Exkaiser jährlich eine halbe Million Gulden, für die Gehälter der Bediensteten mußte die Staatskasse etwa 57000 Gulden pro Jahr berappen.

Ferdinand war ein reicher Mann. Er hatte nach dem Tod des Herzogs von Reichstadt, des Sohnes Napoleons und seiner Gemahlin Marie Louise, die Herrschaft Reichstadt mit den dazugehörenden Gütern geerbt und kümmerte sich persönlich und erfolgreich um deren Verwaltung und Bewirtschaftung. Er muß einen gesunden wirtschaftlichen Hausverstand gehabt haben. Sonst wäre es wohl nicht zu verstehen, daß er in wenigen Jahren den Ertrag seiner böhmischen Güter auf die gigantische Summe von jährlich zwei Millionen Gulden steigerte. In Reichstadt, wo er sich gerne aufhielt, und auf Schloß Ploschkowitz verbrachte er mit Maria Anna in den nächsten Jahrzehnten die Sommermonate und den Frühherbst.

Auch die Kaiserin fühlte sich in Böhmen wohl. Sie weilte aber in den fünfziger Jahren des öfteren zur Kur in Italien. Nach der nationalen Einigung ihres Heimatlandes suchte sie in der »Villa Angiolina« im istrischen Abbazia Erholung. Der kleine Fischerort entwickelte sich durch ihre Aufenthalte langsam zu einem beliebten Fremdenverkehrszentrum. Ferdinand blieb in Böhmen und wurde in Vertretung der Kaiserin von deren Obersthofmeisterin, Landgräfin Theresia Fürstenberg, die der Kaiser gerne um sich hatte, umsorgt.
Maria Anna unternahm die Kuraufenthalte natürlich in erster Linie aus gesundheitlichen Gründen. Sie werden aber wohl auch der Seelenpflege gedient haben. Sie mußte von Zeit zu Zeit neue Kraft tanken.
Über das Leben der Exkaiserin in Prag, in Reichstadt, Ploschkowitz und Italien, wo sie stets ihre geliebte Zwillingsschwester und andere Verwandte traf, sind wir neuerdings aus Briefen unterrichtet, die erst vor ein paar Jahren aufgetaucht sind (siehe Quellenverzeichnis). Sie sind an Gräfin Therese Pálffy, die Gemahlin eines kaiserlichen Kammerherrn, gerichtet. Die Gräfin, eine geborene Rossi, entstammte einem italienischen Adelsgeschlecht und war jahrzehntelang die engste Vertraute und geschätzte Brief- und Gesprächspartnerin Maria Annas außerhalb des Prager Hofes. Die Kaiserin lud ihre »carissima amica« (ihre liebste Freundin), von der sie sich stets mit brieflichen Umarmungen und »größter Zuneigung« verabschiedete, zu sich nach Prag und Reichstadt ein, sie machte ihr Weihnachtsgeschenke, nahm sie nach Italien mit und unterstützte sie großzügig in familiären Notlagen. In einem der Briefe ist von 1000 Gulden die Rede, ein ansehnlicher Betrag.
Aus dem Briefpaket, das den Zeitraum von 1848 bis 1868 umfaßt, ergibt sich das Bild einer tiefreligiösen, mitfühlenden, fürsorglichen, gebildeten und mitteilsamen Frau, die frisch über die Vorgänge in ihrer Umgebung, aber auch über ihr eigenes Befinden und vieles andere plaudert. So berichtet sie der Freundin, die den Prager Hof gut kannte, von einem schweren Unfall des Hofarztes bei einer Wagenfahrt und über den Schmerz, den ihr und dem Kaiser der Tod langgedienter Hofbediensteter bereitete.

Die Kaiserin, die vom Wiener Hof ein jährliches »Spenadlgeld« von 50 000 Gulden bezog, hatte in Prag natürlich ihren eigenen Hofstaat, der aus zwei Hofdamen, einem Sekretär, einem Sekretärsdiener, einen Kammerdiener, einem Kammermädchen, einem Zuckerbäcker, einem Wagenwäscher, einem Kapellendiener, einem Futtermeister, einem Reitknecht, einem Kutscher und einem Stallübergeher bestand. Auf ihren Reisen wurde sie zumeist von ihren Hofdamen und ein paar Bediensteten begleitet. Reiseziele waren Modena, aber auch das Dorf Stra östlich von Padua, wo sie in der Villa Pisano, die ihr der Kaiser zur Verfügung stellte, logierte. In dem im Stil einer venezianischen Villa errichteten riesigen Gebäudekomplex, der ungefähr die Ausmaße des Oberen Belvederes hat, weilte sie besonders gerne. Die ländliche Ruhe tat ihren Nerven gut. Sie machte Spaziergänge in der frischen Luft und nahm dreimal die Woche Salzwasserbäder. Stra ist weder Kurort noch liegt es am Meer. Das Salzwasser ließ die Kaiserin vom Lido in Venedig herbeischaffen, wie sie der Freundin ausführlich berichtete.
Die fromme Gemahlin Kaiser Ferdinands war keineswegs weltfremd, zumindest nicht in ihrem mittleren Lebensalter. Sie beobachtete mit Interesse den Bau des Brentakanals, der zur Zeit ihres Aufenthaltes (1857, 1858) gebaut wurde, um den Fluß schiffbar zu machen, und war vom raschen Fortgang der Arbeiten beeindruckt. Sie übersah auch nicht, daß 1858 durch ungünstige Witterungsverhältnisse die Seidenraupenzucht und der Weinbau in Mitleidenschaft gezogen wurden, und empfand Mitleid mit den davon betroffenen Menschen. Maria Anna empfing in Stra auch Besuche. So stellte ihr dort im August 1857 der frischgebackene Generalgouverneur des Lombardisch-Venezianischen Königreiches, Erzherzog Maximilian Ferdinand, der Bruder Kaiser Franz Josephs, seine junge, bezaubernde Frau, Charlotte von Belgien, vor, die er ein paar Wochen zuvor geheiratet hatte. »Mich hat es sehr gefreut, den guten Erzherzog Max, den ich sehr liebe, wiederzusehen«, schrieb sie der Freundin, »und die Bekanntschaft der Erzherzogin zu machen, die mir sehr gefällt. Ich finde sie sehr anmutig, sie ist nicht schön zu nennen, aber man sieht, daß sie geistreich ist und sie sieht älter aus, als sie ist. Sie spricht ausgezeichnet Französisch, Italienisch und Deutsch. Ich bin überzeugt,

daß sie sich an seiner Seite gut machen wird. Sie versteht es, sich zu präsentieren ...« Die Kaiserin konnte nicht ahnen, welch furchtbarem Schicksal das junge, vielversprechende Ehepaar entgegenging. Noch zu ihren Lebzeiten wurde ihr geliebter Neffe Maximilian in Mexiko erschossen, seine ehrgeizige Gemahlin verfiel dem Wahnsinn.

Auf Kaiser Napoleon III. von Frankreich, auf dessen Unterstützung Maximilian bei seinem Mexikoabenteuer gezählt hatte, war Maria Anna nicht gut zu sprechen. Als er 1859 das Königreich Sardinien-Piemont im Krieg gegen das Haus Habsburg militärisch unterstützte, fürchtete sie um die Unabhängigkeit ihres Heimatlandes. Sie glaubte, Sardinien-Piemont würde wie unter Napoleon I. an Frankreich angegliedert werden. Ihre Angst erwies sich jedoch als unbegründet.

Maria Anna, die sich politisch nie in den Vordergrund drängte, hat jedenfalls auch von Prag aus die politischen Vorgänge in Europa mit wachem Interesse verfolgt.

So gesprächig sie sich in diesen Briefen zeigt, in Prag war sie wenig kontaktfreudig. Der leutselige Kaiser hielt es anders.

Schon bald nach seiner Ankunft in der Hauptstadt Böhmens zeigte er sich beim Besuch einer Opernvorstellung ohne jedwedes Aufsehen in Zivilkleidung in der Öffentlichkeit. In die ordensbehängte Uniform schlüpfte er nur noch selten. An seinem Geburtstag etwa, wenn er eine Militärparade abnahm, oder beim Besuch eines hohen ausländischen Gastes, was nicht sehr oft vorkam.

Auf seinem täglichen Spaziergang, der ihn auch hinunter in die Stadt führte, grüßte der gütige alte Herr, der sich in seinem Altenteil auf dem Prager Hradschin einen Vollbart wachsen ließ, freundlich nach allen Seiten und erfreute sich anscheinend recht guter Gesundheit, von kleinen Unpäßlichkeiten wie grippösen Infekten abgesehen, die ihn für ein paar Tage ans Bett fesselten. Nur im Herbst 1852 war er nach einer Infektion am linken Bein, die zu einer Rotlauferkrankung führte, einen Monat pflegebedürftig. Von epileptischen Anfällen blieb er im Alter offenbar verschont. Jedenfalls gibt es keine Aufzeichnungen, die darauf schließen ließen.

Der Exkaiser erfreute sich seines ruhigen (Pensionisten-)Daseins. Er ging seinen Hobbys nach, spielte Klavier und Tarock, betreute liebevoll die Sträucher und Blumen, die er sich aus Holland kommen ließ, lud Künstler und Wissenschaftler zu Gesprächen im kleinen Kreis ein. Ab 1852 veranstaltete das Exkaiserpaar jährlich einen Hofball, 1856 war es anläßlich der Silberhochzeit Mittelpunkt einer großen geselligen Veranstaltung, zu der sich neben Franz Joseph und Elisabeth sämtliche Mitglieder des Kaiserhauses in Prag einfanden.

Von der Politik hielten sich Ferdinand und seine Gemahlin vollkommen fern. Nur gelegentlich, so wird überliefert, gab er in seinem breiten Wiener Idiom, in dem er sich auszudrücken beliebte, eine urige Bemerkung von sich. So soll er 1866 die schwere Niederlage der österreichischen Armee gegen die Preußen bei Königgrätz mit dem lapidaren Satz quittiert haben: »Des hätt' i a no z'sammbracht.«

Kaiser Ferdinand, dem in der eigenen Familie bespöttelten Schwächling, maß das Schicksal noch 27 beschauliche Jahre als Staatspensionär in der Hauptstadt Böhmens zu. Er überlebte sie alle: die Spötter und Nörgler, die Zukunftsdeuter und medizinischen Propheten. Selbst die um 13 Jahre jüngere Erzherzogin Sophie, die ihm erst gut gesinnt war, als sie ihn entmachtet hatte, starb drei Jahre vor ihm.

Im Frühjahr 1874 erkrankte der Exkaiser an einem hartnäckigen Lungenkatarrh, von dem er sich nicht mehr richtig erholte. Er konnte im Sommer dieses Jahres nicht mehr nach Reichstadt fahren, er mußte seine Spaziergänge einstellen. Sein Aktionsradius wurde auf den Hradschin eingeschränkt.

Die Musik blieb sein letztes Lebenselexier. Täglich nach dem Mittagessen mußte ihm Professor Smita vom Prager Konservatorium auf dem Klavier seine Lieblingsstücke vorspielen. Ein Jahr ging das so. Ferdinand verbrachte einen Großteil seiner Zeit teils im Bett, teils in einem Krankenfahrstuhl, von seiner Gemahlin liebevoll betreut.

Am 28. Juni 1875, als sich das Ende abzeichnete, kam Franz Joseph nach Prag. Er traf den Onkel in einem Rollstuhl schlafend an und kehrte, ohne ein Wort mit ihm wechseln zu können, wieder nach Wien zurück. Er sollte seinen Vorgänger auf dem Kaiserthron nicht mehr lebend sehen. Am nächsten Tag ließ sich Ferdinand am späten Vormittag ankleiden, nahm ein paar Löffel Suppe zu sich und lauschte anschließend einer Haydn-Symphonie, die der erwähnte Konservatoriumsprofessor vom Klavier aus zum Vortrag brachte. Ein schwerer Hustenanfall des Kaisers bereitete der musikalischen Darbietung ein jähes Ende. Ferdinand wurde zu Bett gebracht und mit den Sterbesakramenten versehen. Um 14.45 Uhr schied er sanft und ruhig aus dem Leben. Er stand im 83. Lebensjahr.

Die tschechischen Zeitungen (aber natürlich auch die deutschen Blätter) widmeten dem verstorbenen Habsburger, dem letzten König von Böhmen (als solcher figuriert er als Ferdinand V.), rühmende Nachrufe. »Die Krone des heiligen Wenzel ist verwaist«, hieß es darin etwa. »Unser König ist tot, wir sind Waisen, denn unser Vater ging zu seinen Vätern.« Und: »Keiner seiner Vorgänger aus dem Hause Habsburg liebte das tschechische Volk so wie er.« In einem anderen Blatt stand zu lesen: »Kaiser Ferdinand war keine gewaltige Herrschererscheinung, die imponierende Erfolge aufzuweisen hätte, aber sein Herz war voller Güte, er kannte kein anderes Streben als das, Menschen glücklich zu machen; seine Richtschnur in allem war Wohlergehen und Milde und das schätzt das Volk ebenso hoch wie Tatendrang und Siegesglanz ...« Eine schönere Nachrede hätte sich der Exmonarch nicht wünschen können.

Der Leichnam Ferdinands wurde am 6. Juli 1875 nach einem feierlichen Begräbnis in der Kapuzinergruft beigesetzt.

Die reichen böhmischen Güter Ferdinands erbte Kaiser Franz Joseph, Ferdinands Witwe erhielt das Gut Ploschkowitz als Fruchtgenuß auf Lebenszeit, auf das sie jedoch zugunsten Franz Josephs verzichtete, eine ansehnliche Geldsumme in bar und eine jährliche Rente von 120 000 Gulden. Die bedürfnislose Kaiserin verwendete einen Gutteil des Geldes für karitative Zwecke. Sie machte katholischen Ordensgemeinschaften reiche finanzielle Zuwendungen, half den Armen und Bedrängten dieser Welt. Ihre besondere Fürsorge galt den mit Krankenpflege und Mädchenunterricht befaßten Frauenorden.

Nach dem Tod ihres Gemahls lebte Maria Anna in noch strengerer Abgeschiedenheit als zuvor, führte, in der Hauptsache von ihren italienischen geistlichen Beratern umgeben, ein geradezu klösterliches Leben. Religiöse Andachtsübungen und Gebete füllten ihre Tage aus,

sie schloß sich von der Außenwelt ab. Besuche empfing sie nur noch, wenn es sich um Mitglieder des Kaiserhauses oder um engste Angehörige aus der italienischen Verwandtschaft handelte. Als sich ihr Leben dem Ende zuneigte, hatte sie längst ihren Frieden mit der Welt gemacht und ihre Hinterlassenschaft geordnet. In ihrem Testament, das sie bereits 1874, noch zu Lebzeiten Ferdinands, abgefaßt hatte und das 15 Kodizille (Nachträge und Ergänzungen) enthält, bedachte sie Familienmitglieder, religiöse Institutionen und Institute mit Geldbeträgen, Schmuck und diversen Sachwerten und Erinnerungsstücken. Das Testament schließt mit den für sie bezeichnenden Worten: »Ich schließe dieses Testament (31. August 1874), indem ich meinen Kaiser Ferdinand die inigsten Danksagungen für die mir durch so viele Jahre erwiesene viele Güte ausspreche und ich bitte ihn um Nachsicht und Vergebung, wenn ich ihm jemals irgendeine Unannehmlichkeit bereitet haben sollte.«
Als Anfang Mai 1884 in den Zeitungen Meldungen über eine schwere Erkrankung der Exkaiserin erschien, wußten viele Leser damit wenig anzufangen. Seit der Abdankung ihres Gemahls am 2. Dezember 1848 waren immerhin 36 Jahre vergangen. Vieles hatte sich ereignet, die wohltätige Kaiserin war längst in Vergessenheit geraten.
Maria Anna schied nach kurzer Krankheit und einer Bruchoperation am 4. Mai 1884, um 17.10 Uhr, auf der Prager Burg ruhig und sanft aus dem Leben. Als Todesursache weist das Totenprotokoll Lungenentzündung (Pneumonia hypostata) aus. Eine pathologische Veränderung der Organe wurde nicht festgestellt.
In ihrem Letzten Willen verfügte die Kaiserin: »... Ich erkläre sterben zu wollen, wie ich in meinem ganzen Leben zu sein bestrebt war, als ergebene und treue Tochter der heiligen, katholischen, apostolischen, römischen Kirche. Ich wünsche ein bescheidenes Leichenbegräbnis. Zum Heil meiner Seele sollen 1000 kleine Messen gelesen werden.«
Das bescheidene Leichenbegräbnis, das sie sich gewünscht hatte, ließ das habsburgische Hofzeremoniell nicht zu. Sogleich nach dem Hinscheiden der Kaiserin verfügte das Protokoll die für den Todesfall eines Familienmitgliedes vorgesehenen Maßnahmen. Alles war bis ins kleinste Detail geregelt, nichts blieb dem Zufall überlassen. Wer im

Aufbahrungszimmer Dienst zu versehen hatte und wo auf den Zentimeter genau die Totenwache postiert war, wer mit oder ohne Hut und Schleier vor die Tote hintreten durfte, über welche Strecke der Hofzug mit dem Katafalk nach Wien zu bringen war (der Fahrplan war vom Obersthofmeisteramt exakt vorgegeben), wer im Salonwagen erster und zweiter Klasse mitfahren durfte, welche Abordnungen der kaiserlichen Behörden und der Geistlichkeit sich an den Bahnhöfen einzufinden hatten und so weiter und so fort. Ob die Garden und die Edelknaben bei starkem Regen Mäntel anziehen dürften, fragte die Militärbehörde an. Das Obersthofmeisteramt gab dafür gnädig seine Einwilligung.

In Wien wurde der Leichnam der Kaiserin in einem von sechs Rappen bespannten Leichenwagen vom Nordbahnhof zur Hofburg gefahren und dort in der Hofburgkapelle zur allgemeinen Besichtigung freigegeben.

Das Leichenbegräbnis fand am 10. Mai 1884 mit dem üblichen düsteren Schaugepränge und in dem vom Zeremoniell festgesetzten Rahmen statt. Eine riesige Menschenmenge, so wird berichtet, säumte an diesem Maitag die Straßen. Die Wiener sind für eine »schöne Leich« immer zu haben, selbst wenn sie nicht ganz genau wissen, wer da zu Grabe getragen wird. Maria Anna, die alte, längst vergessene Kaiserin, kannten die meisten Schaulustigen nicht einmal dem Namen nach. Knapp fünf Jahre später Anfang Februar 1889, als es wieder ein solches Leichenbegräbnis zu bestaunen gab, bei der Beerdigung des durch Selbstmord aus dem Leben geschiedenen Kronprinzen Rudolf, war das ganz anders. Da wußte wohl jeder, der im Spalier stand, oder er ahnte es zumindest, welche Tragödie sich hinter dem vordergründigen Schauspiel dieser Begräbnisfeierlichkeit verbarg.

Kaiserin Elisabeth

Habsburgs extravagante Anti-Kaiserin

Gemahlin Kaiser Franz Josephs I.
Geboren am 24. Dezember 1837 in München
Heirat am 24. April 1854 in Wien
Ermordet am 10. September 1898 in Genf

Die Szene ist viele Male geschildert worden: wie sich der junge, gutaussehende Kaiser von Österreich, der 23jährige Franz Joseph, Mitte August 1853 in Ischl Hals über Kopf in seine Cousine, die kleine, herzige Elisabeth, verliebte, Elisabeths ältere Schwester Helene, die für ihn vorgesehen war, links liegenließ und nur noch ein Auge für den Backfisch aus Bayern hatte. Erzherzogin Sophie, die ehrgeizige Mutter des Kaisers, die das Heiratsprojekt ausgeheckt hatte, war ausnahmsweise einmal machtlos. Ihr über alles geliebter Sohn, der ganz unter ihrem Einfluß stand, ließ sich in dieser Herzensangelegenheit nichts sagen, nichts dreinreden.

Von einem privaten Standpunkt aus gesehen, spricht diese Haltung durchaus für den Kaiser, von einem übergeordnet dynastischen aus gegen ihn. Der Kaiser von Österreich, Herr über einen Vielvölkerstaat, in dem vierzig Millionen Menschen lebten, entschied sich aus dem Augenblick heraus für eine Partnerin, deren Liebreiz ihn faszinierte, über deren Charaktereigenschaften und Fähigkeiten er aber buchstäblich nichts wußte. Es sollte ihm und dem Reich, das er regierte, teuer zu stehen kommen.

Die kleine Braut, die die Zuneigung des Kaisers wie ein Blitz aus heiterem Himmel traf, war noch keine sechzehn Jahre alt. Sisi, wie sie im Familienkreis gerufen wurde, war fast noch ein Kind, ein entzückender, aber unreifer, unfertiger Teenager, wie man heute formulieren würde.

Elisabeth, das vierte Kind des Herzogs Max in Bayern und seiner Gemahlin Ludovica, war gewissermaßen ein Weihnachtsgeschenk. Sie kam im Palais des Herzogpaares in der Münchner Ludwigsstraße zur Welt. Aber nicht die Stadt wurde zu ihrem bevorzugten Lebensraum, sondern das Land, die freie, ungebundene Natur. Sisi verbrachte in ihrer Kindheit und Jugend die Sommermonate im elterlichen Schlößchen in Possenhofen am Westufer des Starnberger Sees, wo sie sich nach Herzenslust austoben konnte.

Der Vater, einer wittelsbachischen Nebenlinie entstammend, war kein Freund starrer Umgangsformen. Er haßte die höfische Etikette, ging ungezwungen seinen persönlichen Neigungen nach und führte ein Leben nach seiner Fasson. Von innerer Rast- und Ruhelosigkeit erfüllt, war er oft monatelang nicht bei seiner Familie, unternahm er ausgedehnte Reisen, ging auf die Jagd, stieg auf Berge, vollführte in der eigenen Reitschule, die er mit hohem finanziellem Aufwand anlegen ließ, auf dem Rücken der Pferde seine Kunststücke. In seiner Münchner Residenz umgab sich der kunstsinnige Herzog, der gerne las und Gedichte schrieb, häufig mit Gelehrten, Schriftstellern und Malern, spielte Zither, scherzte, sprach in fröhlicher Männerrunde dem Wein zu.

Max, freiheitlich gesinnt und beim Volk beliebt, war ein lebenslustiger Herr, der von ehelicher Treue wenig hielt. Er hatte zahlreiche Liebschaften, die natürlich nicht ohne Folgen blieben. Die Töchter aus seinen illegitimen Beziehungen vermehrten jedoch nicht nur seine achtköpfige Kinderschar, sondern sogar seine Popularität. Das Volk nahm ihm seine sexuellen Ab- und Ausschweifungen durchaus nicht übel, die Gattin fand sich notgedrungenermaßen damit ab. Sie grämte sich zwar darüber, aber sie lernte, sich mit den Launen und Extravaganzen des Gemahls abzufinden, und ließ ihn gewähren.

Herzog Max, der sich um Politik wenig kümmerte und mit seinen demokratischen Neigungen nicht hinter dem Berg hielt, wurde zuweilen auch von melancholischen, welt- und menschenverachtenden Anwandlungen befallen. Sie offenbarten eine zweite, hinter seiner vordergründigen Heiterkeit und Lebensfreude verborgene Natur.

Ludovica, die schwergeprüfte Gemahlin des rastlosen, leichtlebigen Bonvivants, war vergleichsweise eine biedere Persönlichkeit. Nicht besonders religiös, in ihrer ganzen Lebensauffassung eher liberal gesinnt, besaß sie ein angeborenes natürliches Gefühl für Anstand und Würde.

Mit großer Hingabe und Liebe widmete sie sich der Erziehung ihrer Kinder und schuf eine freundliche Familienatmosphäre, in der sich ihre Sprößlinge trotz der pädagogischen Pedanterie, in die sie zuweilen verfiel, wohl fühlen und entfalten konnten.

Der Herzog und seine Gemahlin waren jedenfalls ein sehr ungleiches Paar, die Ehe war alles andere als harmonisch. Der menschliche Zwiespalt, der zwischen den Eltern als Kluft bestand, löste in den Gemütern der Kinder interessanterweise jedoch keine seelische Verstörtheit aus. Elisabeth und ihre Geschwister wuchsen zwanglos auf und genossen die erzieherische Freiheit, die ihnen das Elternhaus gewährte, in vollen Zügen. Ihre Kindheit war glücklich. Sie kletterten auf Bäume, spielten im weitläufigen Park alle nur denkbaren Spiele, trieben Sport, liefen, turnten, jagten einander nach.

Die kleine Sisi war in der munteren Geschwisterschar die lebhafteste, die ungebärdigste. Das ungezwungene Leben in Possenhofen war so ganz nach ihrem Geschmack. Sie liebte die Natur, sie hegte und pflegte ihre Haustiere, ein paar Kaninchen, Hühner, ein Lamm, ein junges Reh, sie jagte, oft gemeinsam mit dem Vater, auf dem Pferderücken durch die Gegend. Der Vater war ihr großes Vorbild, ihn verehrte und vergötterte sie. Von ihm erbte sie so manche Charaktereigenschaft: ihre innere Unrast, ihren unbändigen Freiheitsdrang, ihre künstlerischen Ambitionen, ihren Widerwillen gegen höfisches Benehmen und die Zwänge der Konvention, ihren Hang zur Melancholie, ihre weltflüchtige Menschenscheu. Der Herzog, der sich um die Erziehung seiner Kinder wenig kümmerte, sah ihr vieles nach. Sisi war seine Lieblingstochter. Es machte ihm nichts aus, wenn sie ihre Unterrichtsstunden nicht ernst nahm, sich davon wegstahl, wenn sich die Gelegenheit dazu bot.

Die hübsche, aufgeweckte Tochter des bayerischen Herzogpaares war empfindungsstark, phantasiebegabt, hochintelligent, aber sie hatte kein Sitzfleisch, keine Ausdauer. Beharrlichkeit war ihr wesensfremd. Für graue Theorien war sie nicht zu haben, für ernsthafte Studien fehlten ihr die erbmäßigen Voraussetzungen. Elisabeth besaß ein hübsches Zeichen- und Maltalent, sie dichtete gerne, und sie war sprachbegabt. Für Musik hingegen hatte sie wenig übrig, das Klavierspiel bereitete ihr Unbehagen. Bildung und Ausbildung der bezaubernden Prinzessin aus dem Bayernland waren jedenfalls lückenhaft und alles andere als abgeschlossen, als sich der Kaiser von Österreich bei einem Familientreffen in Ischl 1853 in sie verliebte und sich mit ihr verlobte. Ob aus diesem unverfälschten Naturkind je eine hoheitsvolle, majestätische Kaiserin werden würde, konnte man mit Fug und Recht bezweifeln. Franz Joseph verschwendete nicht die Spur eines Gedanken daran.

Die für Sisi so schicksalhaften Tage in Ischl, die angefüllt waren mit Feiern, Diners, Bällen, Spazierfahrten und Ausritten gingen am 31. August 1853 zu Ende. Dann reiste die blutjunge Braut in Begleitung ihrer Mutter in ihr geliebtes heimatliches Bayern zurück. Die nächsten Monate bis zur Hochzeit im Frühjahr 1854 verbrachte sie abwechselnd in München und Possenhofen. Erst jetzt, nach ihrer Rückkehr, wurde ihr mit aller Deutlichkeit bewußt, wie sehr sich durch ihre Heirat ihr Leben verändern würde. Nichts würde mehr so sein wie früher. Ängste befielen sie, Zweifel. Eignete sie sich überhaupt für die Position einer Kaiserin eines Großreiches? Würde sie den Anforderungen an der Seite eines vielbeschäftigten Monarchen seelisch gewachsen sein? Sie war doch noch viel zu jung dazu, sie liebte ihre Freiheit, ihr jungmädchenhaftes Leben.
In ihrer Phantasie malte sie sich ihre zukünftige Rolle schrecklich aus. Sie würde eingezwängt sein in das Korsett eines starren höfischen Zeremoniells, sie würde nicht mehr Herr ihrer eigenen Entscheidungen sein, würde tun und lassen müssen, was das Protokoll vorschrieb. Sie würde keinen Schritt mehr tun können, ohne daß die Blicke des Hofes und der Öffentlichkeit auf sie gerichtet wären, würde stets im Mittelpunkt stehen. Sie schauderte, wenn sie an all das dachte. Aber die Entscheidung war gefallen und nicht mehr rückgängig zu machen.
Der Bräutigam erwies sich in diesen Monaten des Bangens und Hoffens, der schwankenden Gemütsstimmungen als ausgesprochen aufmerksam, liebevoll und chevaleresk. Er schickte ihr wertvolle Geschenke, besuchte sie bei jeder Gelegenheit in München und Possenhofen, las ihr jeden Wunsch von den Augen ab. Ihre Zuneigung zu ihm wuchs, Franz Josephs Verliebtheit wurde nur noch größer. »Alle Tage liebe ich Sisi mehr und immer überzeuge ich mich mehr, daß keine für mich besser passen kann als sie«, schrieb er im Oktober 1853 an seine Mutter.
Die Angebetete gab sich Mühe, Franz Josephs Mutter, der gestrengen Erzherzogin Sophie, die ihre Tante war und in absehbarer Zeit ihre Schwiegermutter sein würde, gefällig zu sein. Sie putzte sich brav ihre von Sophie beanstandeten gelben Zähne (»ihre Zähne sind auch, dank

Ihrer Fürsorge, ganz weiß geworden, so daß sie wirklich allerliebst ist«, berichtete der Kaiser im erwähnten Brief nach Wien) und versuchte, ihre mangelhafte Bildung zu ergänzen. Sie nahm Tanzstunden, verbesserte ihre Französisch- und Italienischkenntnisse und trieb historische und völkerkundliche Studien über die Donaumonarchie. Vom dichtgedrängten Lernprogramm, das man ihr vorsetzte, war sie nicht gerade hingerissen. Lediglich die Arbeit mit ihrem Geschichtslehrer, dem Ungarn Johann Graf Mailáth, der ihr mit pädagogischem Geschick die Mentalität, die Werthaltungen, die Sitten und Gebräuche seines Volkes nahebrachte, stieß auf ihr ungeteiltes Interesse. Mailáth legte damit den Grundstein für die spätere Ungarnliebe der Kaiserin.

Die zeitraubenden und aufwendigen Hochzeitsvorbereitungen, die Zusammenstellung des Trousseaus, der Brautausstattung, der Ehekontrakt, der feierliche Verzicht auf die bayerische Thronfolge und die übrigen Formalitäten, die mit dem bevorstehenden Ereignis verbunden waren, ließ sie widerwillig über sich ergehen. Gerade, daß sie sich für das Anprobieren der vielen Kleider Zeit nahm und ein paar Malern Modell saß. Schließlich mußte die Neugier der Menschen befriedigt werden. Man wollte wissen, wie die zukünftige Kaiserin von Österreich aussah.

Als der Hochzeitstermin näher und näher rückte, wurde das Mädchen aus Bayern immer stiller und nachdenklicher und verfiel zuzeiten in Melancholie. Sisi schien zu ahnen, was ihr bevorstand. Schließlich kam der Tag, an dem sie von ihrer Heimat und von allem, was ihr lieb gewesen war, Abschied nehmen mußte. Sie tat es mit Wehmut.

An den fünf Tagen von der Abreise der Braut aus München bis zur Hochzeit in Wien entfaltete der Kaiserhof allen Prunk und Pomp, dessen er fähig war. Das kaiserliche Protokoll hatte jeden Schritt, jede Geste bis in das kleinste Detail geplant und vorgezeichnet. Neunzehn Seiten stark war das Schriftstück, in dem das »Zeremoniell für die Vermählung Seiner Kaiserlichen und Königlichen Apostolischen Majestät« festgehalten war. Wer wann wo wie und was zu tun hatte, in welcher Toilette man zu dieser und jener Festlichkeit zu erscheinen

hatte, in welcher Reihenfolge und welchem Tempo jedes Gespann in dieses und jenes Gebäude einfuhr, von welchen und wie vielen Eskorten es flankiert wurde, wer vor wem einen Raum betrat, welches Geschirr bei der Hoftafel verwendet wurde und wie jeder Teller, jedes Glas zu plazieren war – alles war geregelt, an alles war gedacht. Nichts blieb dem Zufall überlassen.
Das Kaiserpaar war selbstverständlich auch in dieses höfische Zwangskorsett eingebunden, es spielte darin die Hauptrolle. Franz Joseph machte es nichts aus. Es war längst daran gewöhnt. Für Sisi war es neu und eine ungeheure Belastung. Sie fand ihre schlimmsten Befürchtungen bestätigt. Scheu, verängstigt und verunsichert ließ sie wie in Trance alles über sich ergehen, brach erschöpft in Tränen aus, verlor für kurze Momente die Fassung. Ihre nähere Umgebung nahm es mit verstohlen-kritischen Blicken zur Kenntnis.
Die Wiener jubelten der zartbesaiteten Prinzessin zu, ihre liebenswerte Scheu stieß auf wohlwollende Bewunderung. Und selbst die Kaisermutter, die gestrenge Erzherzogin Sophie, fand Sisi ravissant, hinreißend. Sie ahnte nicht, was während all der Festlichkeiten, den Auffahrten, den Empfängen, den Diners, den »Gratulationscours«, während der Trauungszeremonie in der Augustinerkirche und dem Hofball im Herzen der jungen Frau vorging. Sisi hat ihre Gefühle wenig später in einem Gedicht festgehalten:

Oh, daß ich nie den Pfad verlassen,
Der mich zur Freiheit hätt' geführt.
Oh, daß ich auf der breiten Straßen
Der Eitelkeit mich nie verirrt!

Ich bin erwacht in einem Kerker,
Und Fesseln sind an meiner Hand.
Und meine Sehnsucht immer stärker –
Und Freiheit! Du, mir abgewandt!

Es ist ein erschütterndes Bekenntnis, das einen tiefen Blick in das Innere der Sechzehnjährigen gewährt. Am späten Abend des Hochzeitstages fiel die junge Braut todmüde ins Bett »und steckte ihr hübsches Gesicht in ihren Kopfpolster, wie ein erschreckter Vogel in

seinem Nest«. So die Kaisermutter in ihrem Tagebuch. Es war gut beobachtet, ein guter Vergleich.
In der Hochzeitsnacht geschah nichts, wie die Kammerzofen am nächsten Tag den anderen Hofbediensteten brühwarm zu berichten wußten. Und auch die beiden Mütter scheinen von ihren Kindern eine diesbezügliche Mitteilung erfragt zu haben. Die Erfüllung der ehelichen Pflichten soll erst in der dritten gemeinsamen Nacht vor sich gegangen sein.

Elisabeth war unberührt und höchstwahrscheinlich völlig unvorbereitet in die Ehe gegangen. Sexuelle Aufklärung fand im vorigen Jahrhundert auch in Adelskreisen nicht statt. Über Sexualität wurde nicht gesprochen, das Thema war tabu. Es war eine Zeit der heuchlerischen Prüderie, der sexuellen Repression, der Unterdrückung alles Körperlichen und Natürlichen. Die jungen Menschen, vor allem die Mädchen, wurden unerfahren und unaufgeklärt in den Ehestand hineingestoßen. Das böse Erwachen kam dann in der Hochzeitsnacht. Sie wurde für viele Frauen zu einem Schockerlebnis, das nicht selten die gesamte eheliche Beziehung ein Leben lang überschattete.
Von Stephanie, der Gattin des Thronfolgers, wissen wir, daß sie nach dem ersten Sexualkontakt nichts als Scham und Abscheu empfand. »Welche Nacht, welche Qual, welche Abscheu!« faßte sie viele Jahre später ihre Empfindungen in Worte. »Ich hatte nichts gewußt, man hatte mich als ahnungsloses Kind zum Altar geführt. Träumereien waren vernichtet. Ich glaubte, an meiner Enttäuschung sterben zu müssen.«
Von Elisabeth, die ihre innersten Gefühle freimütig in Gedichten zum Ausdruck brachte, ist keine Äußerung über ihre erste Liebeserfahrung bekannt. Über die Ehe als Institution hat sie sich später einmal so geäußert: »Die Ehe ist eine widersinnige Einrichtung. Als fünfzehnjähriges Kind wird man verkauft und tut einen Schwur, den man nicht versteht und nie mehr lösen kann.«
»Flitterwochen« gab es keine. Für eine Hochzeitsreise war keine Zeit. Franz Joseph wurde von seinen Herrscherpflichten völlig in Anspruch genommen. Der Kaiser fuhr jeden Morgen von Schloß Laxen-

burg, wo das jungvermählte Paar Aufenthalt nahm, in die Wiener Hofburg und kehrte erst am Abend zurück. Seine junge Frau, die mädchenhafte Kaiserin, war den ganzen Tag allein in einer fremden Umgebung, bedient, beobachtet und beargwöhnt von Menschen, die sie nicht kannte. Sie durfte nicht tun, was s i e wollte, sie mußte tun, was das Hofzeremoniell von ihr verlangte. Ohne Eltern und Geschwister kam sie sich verloren vor, sie hatte Heimweh. Sie fühlte sich wie ein Vogel in einem goldenen Käfig. Sich an diese Zeit zurückerinnernd, sagte sie Jahre später einmal zu ihrer Hofdame Marie Festetics: »Hier [in Laxenburg] habe ich viel geweint, Marie ... Ich fühlte mich so verlassen, so einsam. Der Kaiser konnte tagsüber natürlich nicht hier sein, er ist täglich in der Früh nach Wien gegangen. Um sechs Uhr ist er zum Diner zurückgekehrt. Bis dahin war ich den ganzen Tag allein und hatte Angst vor dem Augenblick, da Erzherzogin Sophie kam. Denn sie kam jeden Tag, um jede Stunde zu spionieren, was ich tue. Ich war ganz à la merci dieser ganz bösartigen Frau. Alles war schlecht, was ich tat. Sie urteilte abfällig über jeden, den ich liebte. Alles hat sie herausbekommen, weil sie ständig gespitzelt hat ...«
Das Verhältnis zur Mutter des Kaisers sollte für die weitere Entwicklung und Charakterbildung Elisabeths von entscheidender Bedeutung werden.

Erzherzogin Sophie war in den fünfziger und sechziger Jahren des vorigen Jahrhunderts die tonangebende, die bestimmende Persönlichkeit am Habsburgerhof. Bei ihr liefen alle Fäden zusammen, sie war der Mittelpunkt der kaiserlichen Familie.

Sie war eine kluge, gebildete, willensstarke und auch fürsorgliche Frau mit ausgeprägtem Familiensinn. Sie liebte ihre Kinder und Enkelkinder aus ganzem Herzen und war rührend um deren körperliche und geistige Entwicklung besorgt. Aber so liebevoll und liebenswürdig die Mutter des Kaisers auch sein konnte, so dezidiert und energisch setzte sie ihre Meinungen, Ansichten und Standpunkte durch.

Sophie war daran gewöhnt zu befehlen. Sie duldete keinen Widerspruch. In den drei Jahrzehnten, in denen sie seit ihrer Heirat am Wiener Kaiserhof lebte, hatte sie ihre dominierende Stellung kontinuierlich ausgebaut. Ihr Gemahl, der gutmütige, unbedeutende Erzherzog Franz Karl, war Wachs in ihren Händen, für ihre vier Söhne war sie eine unantastbare Autorität. Die Witwen der beiden kaiserlichen Vorgänger Franz Josephs, Kaiserin Karoline Auguste und Kaiserin Maria Anna, mieden die Hofburg, wichen vor der Herrschsucht der Erzherzogin in andere Residenzen aus. Karoline Auguste wählte Salzburg zu ihrem bevorzugten Aufenthaltsort. Maria Anna lebte mit ihrem Gemahl auf dem Prager Hradschin.

Die tief religiöse Sophie war vom Gottesgnadentum des Herrschertums überzeugt. Ihr ganzes Tun und Handeln war darauf ausgerichtet, die Monarchie nach den Stürmen des Jahres 1848 am Leben zu erhalten, die Würde der Dynastie zu wahren. Sie sah es daher als ihre Pflicht an, die junge Elisabeth unter ihre Fittiche zu nehmen und aus dem ungezähmten bayerischen Naturkind eine würdige Kaiserin zu machen.

Sisi war gewiß noch formbar und höchstwahrscheinlich auch lernwillig und anpassungsfähig. Sie hätte in der ersten schweren Zeit am Kaiserhof, als es galt, sich in eine völlig neue und andere Umgebung einzugewöhnen und auf die Pflichten einer Herrscherin vorbereitet zu werden, einfühlsamer Hilfe bedurft, sie hätte wohlmeinende und behutsame Ratschläge gebraucht. Die lebenserfahrene Erzherzogin besaß wohl eine geschickte pädagogische Hand, aber sie fand zur ihrem Schützling nicht die richtige Einstellung. Sie stand von allem Anbeginn an wie eine Trennwand zwischen Franz Joseph und seiner Gemahlin.

Dabei war die Erzherzogin ohne Zweifel von den besten Absichten beseelt. Von der »bösen Schwiegermutter«, als die sie durch manche historische Darstellungen geistert, kann nicht die Rede sein. Aber sie war Sisi gegenüber zu ungeduldig, zu herrisch, zu gebieterisch. Ihre Anordnungen stießen denn auch bald auf den Widerspruch und Widerstand der Kaiserin. Elisabeth wollte sich nicht wie ein kleines Kind gängeln lassen, sie konnte eigensinnig und störrisch sein, wenn man sie ungeschickt anfaßte, wenn man sich nicht in sie einzufühlen verstand. Erzherzogin Sophie konnte es nicht. Es gelang ihr nicht, das Vertrauen und die Liebe der jungen Kaiserin zu gewinnen, wenn sie das überhaupt je versucht hat.

In der langjährigen Auseinandersetzung zwischen den zwei Frauen, die von beiden Seiten mit dem Einsatz unterschiedlichster, auch unlauterer Mittel geführt wurde, ging es zunächst um protokollarische Kleinigkeiten. Die Kaiserin wollte sich selbst anziehen. Sie durfte es nicht. Sie wollte ihre Schuhe öfter als einmal tragen. Auch das war ihr verboten. Sie verlangte bei der Hoftafel Bier statt Wein als Getränk, wie sie es vom Münchner Hof gewöhnt war. Es wurde ihr untersagt. Sie wollte nicht mit langen, weißen Handschuhen essen. »Die Kaiserin von Österreich speist nicht mit bloßen Händen«, wies die Schwiegermutter sie zurecht.

Elisabeth, die Kritik schwer vertrug, reagierte provokant. Sie bäumte sich gegen das Protokoll auf und tat das Gegenteil von dem, was die erzherzogliche Schwiegermutter von ihr verlangte. Für ihre neue Position, für die Stellung einer Kaiserin, brachte sie nicht einen Funken Gespür auf.

Der beinah tägliche Kampf um Selbstbehauptung gegen die überlegene, herrschsüchtige Sophie forderte von der übersensiblen jungen Frau einen gesundheitlichen Tribut. Sie wurde von Hustenanfällen und Angstzuständen geplagt.

Das erbitterte Ringen zwischen Schwiegermutter und Schwiegertochter spitzte sich während Sisis erster Schwangerschaft zu. Die Erzherzogin schrieb der Kaiserin nicht nur vor, was sie tun durfte und lassen mußte, sie traf fürsorglicherweise auch alle Vorbereitungen für die Geburt, allerdings mit der eindeutigen Absicht, das Kind der Mutter zu entziehen. Die »Kindskammer« wurde über Sophies Anordnung nicht in der Nähe der Appartements der Eltern eingerichtet, sondern neben ihren eigenen Gemächern, die ein Stockwerk höher lagen. Diese räumliche Trennung hatte zur Folge, daß Sisi, wenn sie zu ihrem Kind wollte, etliche enge Stiegen hinaufsteigen mußte und die Gegenwart der Erzherzogin nicht vermeiden konnte. Natürlich suchte Sophie das Pflegepersonal für den Säugling aus, erwählte sich selbst zur Taufpatin und bestimmte den Taufnamen des Kindes, der selbstverständlich auf Sophie lautete. All das geschah über den Kopf der Kaiserin hinweg.

Nach der Geburt der Tochter durfte die Mutter das Kind nicht stillen. Die Erzherzogin hatte offenbar vergessen, daß sie selbst ihren Erstgeborenen, ihren geliebten Franzi, zweimal täglich gestillt hatte, was damals am Kaiserhof keineswegs auf einhellige Zustimmung gestoßen war. Nun verwehrte sie ihrer Schwiegertochter diese Intimbeziehung zwischen Mutter und Kind.

Die junge Kaiserin war verzweifelt. Die seelische Kluft, die sie von der übermächtigen Mutter ihres Gemahls trennte, vertiefte sich. Man wird die Schuld dafür nicht ihr zumessen dürfen.

Was tat der Kaiser in dieser Situation? Sprang er in diesem Konflikt seiner Frau bei? Wies er die Mutter in die Schranken? Mitnichten. Franz Joseph wagte es nicht, gegen die Mutter aufzubegehren. Er bat Sisi eindringlich, nachzugeben.

Und so wurde aus der kleinen Sisi keine österreichische Kaiserin, sondern eine eigenverliebte, ichbesessene Frau, die durch ihre Schönheit die (Männer-)Welt faszinierte. Das ist an sich nicht verwunderlich. Erstaunlich ist, daß sie bis zum heutigen Tag als d i e österreichische Kaiserin schlechthin bekannt ist, obwohl sie ihre kaiserlichen Aufgaben und Pflichten mit voller Absicht nicht wahrgenommen und vernachlässigt hat.

Ein Jahr später, als wieder eine Tochter geboren wurde, wiederholten sich die geschilderten Vorgänge. Erzherzogin Sophie nahm auch dieses Kind in ihre Obhut. Sisi durfte nicht Mutter sein. Als ihre erstgeborene Tochter, die sie gegen den Willen Sophies auf eine Reise durch die ungarischen Provinzen mitgenommen hatte, schwer erkrankte und schließlich starb, gab sie den Kampf um das Kind, das ihr geblieben war, auf. Kann man es ihr verargen?

Auch der von der Erzherzogin, dem Kaiser und der Öffentlichkeit sehnsüchtig erwartete männliche Thronfolger, den die Kaiserin 1858 zur Welt brachte und der den Namen Rudolf erhielt, wurde von Sophie sofort in Obhut genommen. Die Großmutter, die selbstverständlich Besonderes mit ihm vorhatte, war die oberste Erziehungsinstanz des Knaben. Sie lenkte seine Schritte, gab die erzieherischen Anordnungen. Die Kaiserin hatte ihr längst das Feld überlassen.

Der ängstliche, übersensible, geistig frühreife Knabe sollte ab dem sechsten Lebensjahr mit großmütterlicher und väterlicher Billigung mit beinahe sadistischer Härte zum Soldaten erzogen werden. Als

seine schwache Konstitution auf die ihm verabreichten pädagogischen Gewaltkuren mit Nervosität und Fieberanfällen reagierte und das Kind seelisch zu zerbrechen drohte, griff die Mutter ein. Mit ungewohnter Energie und zielstrebiger, selbstbewußter Entschiedenheit verlangte die Kaiserin von ihrem Gemahl die bedingungslose Erziehungskompetenz für den Kronprinzen. Franz Joseph, der beim Festhalten an seiner erzieherischen Linie mit dem Bruch der zu diesem Zeitpunkt bereits krisengeschüttelten Ehe rechnen mußte, gab nach. Nun wurde das Erziehungs- und Ausbildungsprogramm des Kronprinzen vollständig umgekrempelt. Rudolf erhielt durch Universitätsprofessoren und Intellektuelle, die großteils aus dem Bürgertum kamen, einen erstklassigen Unterricht und wurde zu einem überzeugten Liberalen.
Das Mutter-Sohn-Verhältnis blieb trotz dieses pädagogischen Befreiungsschlages unverbindlich. Elisabeth, der man nicht gestattet hatte, mit dem Kind mütterlichen Hautkontakt zu pflegen, war ständig auf Reisen, ging ihre eigenen Wege. Für Rudolf, der die Mutter anbetete und um ihre Gunst warb, war die Kaiserin in seiner Knabenzeit eine ferne, schöne, verehrungswürdige »Fee«, die ihm Briefe schrieb und seine Wünsche erfüllte, die ihm aber im großen und ganzen fremd blieb. Auch der erwachsene Mann fand keinen Zugang zu ihrem Herzen.
Je selbstbewußter die junge Kaiserin wurde, desto energischer und rücksichtsloser nahm sie in der brüchig gewordenen Ehe das Heft in die Hand. Franz Joseph, vom Ehebett nach Lust und Laune ferngehalten, wurde zum geradezu larmoyanten Bittsteller. »Jetzt hätte ich halt noch eine Bitt'«, schrieb er der Gattin am 27. Juli 1866. »Wenn Du mich besuchen könntest. Das würde mich unendlich glücklich machen.« Und zwei Wochen später: »Mein lieber Engel, jetzt bin ich wieder mit meinem vielen Kummer allein und sehne mich nach dir. Komme bald wieder, mich zu besuchen, das heißt, wenn es Deine Kräfte und Deine Gesundheit erlauben, denn wenn Du auch recht bös und sekkant warst, so habe ich Dich doch so unendlich lieb, daß ich ohne Dich nicht sein kann. Schone Dich nur recht und gebe beim Reiten acht, denn ich ängstige mich sehr ...«

Elisabeth war alles andere als eine ideale Ehefrau. Doch wenn sie sich auch in den Jahren, in denen sie zur vollen Schönheit aufgeblüht war, gerne umschwärmen ließ und gelegentlichen Flirts nicht abgeneigt war, so war sie dem Gatten nicht untreu. Sexualität bedeutet ihr offenbar nicht viel. Aber sie hat im jahrzehntelangen Wechselspiel der Ehe, die von seltenen Zuneigungs- und häufigeren Abwendungsphasen gekennzeichnet war, Franz Joseph das Leben mehr als schwer gemacht.

Der Kaiser, seit seiner Kindheit und Jugend an Frauendominanz gewöhnt, ertrug sein Eheschicksal mit erstaunlicher Langmut und einer vorbildlich-männlichen Ritterlichkeit. Er hörte bis an sein Lebensende nicht auf, seine exaltierte Gattin zu lieben, bettelte um ihre Zuwendung, las ihr jeden Wunsch von den Lippen ab, gab Unsummen Geldes für ihre Sonderwünsche aus.

Er führte, während die Kaiserin ihren Vergnügungen nachging, jahrzehntelang ein beinahe asketisches, seinen kaiserlichen Pflichten gewidmetes Leben. Er gönnte sich nur wenig Annehmlichkeiten, aber er war ein Mensch aus Fleisch und Blut. Mit einer hübschen, ein wenig rundlichen Schönheit namens Anna Nahowski, die er 1875 bei einem Spaziergang im Schönbrunner Schloßpark kennengelernt hatte, unterhielt er länger als ein Jahrzehnt ein Liebesverhältnis. Anna Nahowski, die in zweiter Ehe mit einem aus Polen stammenden Eisenbahnbeamten verheiratet war, wohnte in einer Villa gegenüber dem Schloß Schönbrunn, wo der Kaiser sie frühmorgens zu besuchen pflegte.

Das Verhältnis blieb nicht ohne Folgen. Anna gebar zwei Kinder, deren Vaterschaft dem Kaiser zugeschrieben wird, eine Tochter Helene und einen Sohn Franz Josef. Helene, geboren 1885, heiratete den Komponisten und berühmten Vertreter der Zwölftonmusik, Alban Berg. Franz Josef, der an einer Nervenkrankheit laborierte und geraume Zeit in Heilanstalten verbrachte, widmete sich der Kunst. Das Ehepaar Berg sorgte für und kümmerte sich um ihn.

Elisabeth hat von dieser Liaison des Gatten nichts gewußt. Von Gewissensbissen, ihn so oft und so lange allein zu lassen, geplagt, hat sie ihrem Gemahl jedenfalls eine andere Frau zugeführt, in deren Gesellschaft der Kaiser den Alltag für kurze Zeit vergaß und die ihm die

Bitterkeit des Alleinseins und des Alterns erleichterte: die Burgschauspielerin Katharina Schratt. Über die Beziehung zwischen dem Kaiser und der um 23 Jahre jüngeren Schauspielerin, die ungefähr drei Jahrzehnte währte, ist viel geschrieben und noch mehr gerätselt worden. Hatte Franz Joseph mit der Schratt ein Verhältnis oder war es nur eine »Seelenfreundschaft«, die das Paar miteinander verband? Die Frage wird wohl für immer unbeantwortet bleiben, denn dieses letzte Geheimnis um ihre Liebe haben der Kaiser und die von ihm verehrte Frau mit in das Grab genommen. Zuletzt wurde auch behauptet, Franz Joseph sei mit der Schauspielerin nach dem Tod Elisabeths eine »Gewissensehe« eingegangen. Für diese Behauptung gibt es jedoch nur Aussagen von später lebenden Gewährsleuten, aber keinen Beweis. Das Trauungsbuch, in dem die Eintragung über die vollzogene Ehe vorgenommen worden sein soll und das im Geheimarchiv des Erzbischöflichen Palais in Wien aufbewahrt war, gilt als verschollen.

In den ersten fünf bis sechs Jahren nach ihrer Heirat hat Elisabeth, zumindest nach außen hin, der Rollenerwartung, die man in sie setzte, entsprochen. Mit der Geburt Rudolfs schien die Thronfolge gesichert. Die Kaiserin begleitete Franz Joseph auf seinen Reisen nach Böhmen und Mähren, durch die Steiermark und Kärnten, durch die ungarischen Provinzen, nach Italien und ließ das aufreibende offizielle Programm mit stundenlangen Audienzen, Empfängen und Diners über sich ergehen. 1859 kümmerte sie sich im und nach dem Krieg gegen das mit Frankreich verbündete Königreich Piemont-Sardinien um die Verwundeten in den Spitälern und beschwor den Gemahl, freilich erfolglos, Frieden zu schließen. Für das absolutistische Regime Franz Josephs hatte sie wenig übrig.
Als der Kaiser 1866 nach der Niederlage seiner Armee bei Königgrätz gegen das besser ausgerüstete und geführte preußische Heer seinen Regierungskurs ändern und innenpolitischen Reformen zustimmen mußte, mischte sich Elisabeth zum ersten und einzigen Mal massiv in die Politik ein. Sie nahm interessierten und tatkräftigen Anteil am staatlichen Geschehen und stellte für kurze Zeit ihr Leben in den Dienst der Allgemeinheit. Sie besuchte Lazarette, sprach den verwun-

deten Soldaten Trost zu und agierte ganz im Stil einer Landesmutter. Es war eine verwandelte Kaiserin, die sich einer überraschten Öffentlichkeit präsentierte. Ihre karitative Einsatzbereitschaft löste Ver- und Bewunderung aus. Franz Joseph, der sich mit den Extravaganzen seiner eigenwilligen Gattin längst abgefunden hatte, war gerührt.
Die Magyaren, die nun ungestüm auf Unabhängigkeit drängten, fanden in der Kaiserin eine warmherzige Befürworterin und Fürsprecherin für ihre nationalen Forderungen und Anliegen.
Die Kaiserin liebte Ungarn und die Menschen, die in diesem Land lebten. Sie hatte mit Eifer und zäher Konsequenz Ungarisch erlernt, sich mit ungarischen Lehrern, Ratgebern und Dienstpersonal umgeben. Sie konferierte mit den bedeutendsten Politikern des Landes, mit Gyula Andrássy, dem sie große Sympathien entgegenbrachte, und Ferenc Deák, berichtete dem Gemahl darüber nach Wien und drängte ihn zu Konzessionen. Schließlich kam nach langwierigen Beratungen der sogenannte »Ausgleich« zustande. Aus dem österreichischen Kaiserreich wurde die Doppelmonarchie Österreich-Ungarn. Es war ein Wendepunkt im Leben Franz Josephs und des von ihm regierten multinationalen Reiches. Die Kaiserin hatte einen wesentlichen Beitrag dazu geleistet.
Ab 8. Juni 1867 wird Elisabeth an der Seite ihres Mannes zur Königin von Ungarn gekrönt. Sie steht im Mittelpunkt des prunkvollen Geschehens, das Volk jubelt ihr begeistert zu. Zehntausende Kehlen vereinigen sich zu dem Ruf »Eljen Erzsebet«. Es ist der Tag Elisabeths, der größte persönliche Triumph in ihrem Leben. Und auch privat fügt sich alles ins Lot. Das Kaiserpaar findet wieder zusammen.
Am 22. April 1868 wird Tochter Marie Valerie in Budapest geboren, das einzige Kind, das der Kaiserin ganz »gehörte« und das sie völlig nach ihren Vorstellungen erzog. Sie war um zehn Jahre jünger als Rudolf und kam zehn Monate nach der Krönung Elisabeths zur Königin von Ungarn zur Welt. Elisabeth hatte die Entbindung mit Absicht nach Budapest verlegt, um damit vor der gesamten k.u.k. Öffentlichkeit ihre Liebe zur ungarischen Nation zu bekunden.
Die Kaiserin überschüttete das »ungarische Kind« mit maßloser Liebe und Fürsorge, registrierte die kleinste Veränderung im Befinden

Valeries mit ängstlicher, geradezu hysterischer Aufregung. Jede Verdauungsstörung, jeder neue Zahn, die geringste Erhöhung der Körpertemperatur bereiteten der Kaiserin Kopfzerbrechen und Sorgen. Marie Valerie wurde zum zentralen Bezugspunkt im Leben Elisabeths. »Jetzt weiß ich es, was für eine Glückseligkeit ein Kind bedeutet – jetzt habe ich schon den Mut gehabt, es zu lieben und bei mir zu behalten«, bemerkte sie Jahre nach der Geburt einmal zu ihrer Hofdame Gräfin Marie Festetics. Sie erdrückte ihre jüngste Tochter beinahe mit ihrer gluckhennenhaften Mütterlichkeit. »Du mußtest mein eigenes, eigenstes Kind bleiben, mein Kleinod, auf das niemand ein Recht haben darf als ich allein, und alle Liebesfähigkeit meines bis dahin verschlossenen Herzens habe ich dann auf dich ausgeströmt«, brachte sie ihre Liebe zu diesem Kind einmal selbst auf den Punkt.
Die Kaiserin nahm Marie Valerie auf viele ihrer Reisen mit, schirmte sie vor allen Einflüssen ab, hütete sie wie ihren eigenen Augapfel. Der Tochter, die die übergroße Fürsorglichkeit der Mutter zunehmend als Bevormundung empfand, fiel es schwer, sich vom mütterlichen Einfluß zu lösen und sich eigenständig zu entwickeln. Sie umschwärmte den Vater, entfaltete eine wachsende Abneigung gegen die von der Kaiserin bis zum Exzeß betriebene Magyarophilie und bekundete Neigungen und Ansichten, die von jenen der Mutter entschieden abwichen. So war sie etwa deutschnational gesinnt, entwickelte einen ausgeprägten Familiensinn und fühlte sich ganz im katholischen Glauben geborgen. Je älter sie wurde, desto schärfer registrierte sie die Launen und Schrullen der Mutter. Ihrem scharfen Blick blieben natürlich auch die Risse in der Ehe ihrer Eltern nicht verborgen. Glaubte sie zunächst, einen Gutteil der Schuld dafür der Mutter zuschreiben zu müssen, so revidierte sie später dieses Urteil und bezog auch den verehrten Vater in ihre Kritik mit ein. 1889 notierte sie in ihrem Tagebuch: »Papa hat so wenig Interesse mehr und ist – soll ich sagen: so viel schwerfälliger und kleinlicher geworden. Ich sehe Papa nicht mehr mit den Augen schwärmerischer Begeisterung an.«
Als Marie Valerie 1890 Erzherzog Franz Salvator aus der toskanischen Linie des Hauses Habsburg-Lothringen heiratete, vollzog sie damit den endgültigen Schritt zur eigenen, selbständigen Lebens-

gestaltung. Die Kaiserin, einer innigen Liebesbeziehung, eines Lebenssinnes beraubt, der sie etwas mehr als zwei Jahrzehnte erfüllt hatte, zog mehr und mehr vereinsamend ziellos durch die Welt.
»Eine Möwe bin ich von einem Land … Mich bindet nicht Ort und nicht Stelle, ich fliege von Welle zu Welle«, hielt sie in bemerkenswerter Selbsterkenntnis ihr Wesen im Gedicht fest.
In ihren Gedichten, in denen sich Elisabeths intimste Gefühle und Gedanken reflektieren, bekennt sie sich auch als Pazifistin und Anhängerin der Republik.

»Und sollten sie entscheiden
Die Republik muß sein,
So willige mit Freuden
In ihren Wunsch ich ein«,

formulierte sie unzweideutig. Die Kaiserin von Österreich hielt die Staatsreform der Monarchie für überholt, zweifelte am Fortbestand des Staates, dessen oberste Repräsentantin sie war oder hätte sein sollen. Diese antimonarchistische Geisteshaltung war neben der Verachtung des höfischen Prunks der Grund dafür, warum sie sich als Kaiserin verweigerte. Den Luxus, den ihr ihre Stellung bot, nahm sie im überreichen Maße in Anspruch, doch die Anforderungen, die ihr hohes Amt mit sich brachten, wies sie vielfach entschieden und brüsk zurück.
Das Repräsentieren überließ sie fast zur Gänze dem Kaiser. Zur Verärgerung des Hofes sagte sie ihre Teilnahme an wichtigen Veranstaltungen im letzten Augenblick immer wieder ab. So blieb sie etwa der Eröffnungsvorstellung der Wiener Hofoper »wegen Unpäßlichkeit« fern und unterbrach ihren Ungarnaufenthalt nur für zwei Tage, um an den Feierlichkeiten anläßlich des fünfundzwanzigjährigen Regierungsjubiläums des Kaisers teilzunehmen. Und dieses Spiel trieb sie bis an ihr Lebensende, wobei ihr der Ärger der Hofschranzen über dieses Verhalten diebisches Vergnügen bereitete.
Die meiste Zeit ihres Lebens hatte Elisabeth beinahe ausschließlich ihrer Selbstverwirklichung und ihrem extremen Schönheitswahn gewidmet. Ihr exzessiver Körperkult nahm Formen und Ausmaße an, die von ihren psychischen Befindlichkeiten her erklärbar, aber nur

schwer zu begreifen sind. Die tägliche Toiletteprozedur nahm mehrere Stunden in Anspruch und war für alle Beteiligten mühsam und aufreibend. Zunächst waren jeden Morgen die Kammerfrauen an der Reihe. Sie mußten den Umfang von Taille, Waden und Schenkel der Kaiserin messen und die genauen Maße in ein Buch eintragen. Dann stellte sich Elisabeth auf die Waage und registrierte mit angstvollem Blick ihr Körpergewicht. Überschritt es auch nur im geringsten das Limit, das sie sich gesetzt hatte – Sisi wog bei einer Körpergröße von 1,72 m rund 48 bis 50 Kilogramm, ihr Taillenumfang betrug nicht mehr als 50 Zentimeter –, schrillten in ihrem Inneren die Alarmglocken. Unverzüglich wurden Diättage angesetzt und Anordnungen für eine Reduzierung der Nahrungsaufnahme getroffen.

Die Kaiserin lebte, was die Ernährung anlangt, extrem einseitig und unvernünftig. Ihre bevorzugten Nahrungsmittel waren Milch und Eis. Die Milch, die sie ungekocht trank, kam, wenn sie in Wien weilte, von tierärztlich kontrollierten Kühen aus einem Stall im Tirolergarten des Schlosses Schönbrunn. Selbst auf Schiffsreisen wurden Kühe und Ziegen mitgeführt, damit die Kaiserin nach Laune und Wunsch mit frischer Milch versorgt werden konnte. Das Eis mußte speziell zubereitet werden und äußerst kalorienarm sein.

War das Idealgewicht wiederhergestellt, nahm die Kaiserin dann und wann auch abwechslungsreichere Kost mit Obst, Eiern, Kuchen, Gebäck und gelegentlich auch Fleischspeisen zu sich. Gegen Ende ihres Lebens aß sie fast nur noch kalte Speisen und litt an einem Hungerödem, wie der Leibarzt bestürzt feststellte. Elisabeths Magersucht verursachte ihr schwere gesundheitliche Probleme und gab zu höchster Besorgnis Anlaß.

Um ihren Körper jung und die Haut geschmeidig zu erhalten, ließ sie sich mit speziell zubereiteten Essenzen massieren, badete in Olivenöl und ließ sich über Nacht hautglättende Gesichtsmasken aus Honig, Quark, frischem Eidotter und Mandelöl auflegen. Oft schlief sie mit kalten Tüchern oberhalb der Hüften, wie ihre Nichte Marie Wallersee in ihren Memoiren berichtet. Doch trotz aller Schönheitskuren und -tinkturen wurde die Haut mit fortschreitendem Alter trocken und faltig.

Einen ausgesprochen monomanischen Kult trieb Elisabeth mit ihrem schönen, kastanienbraunen, fersenlangen Haar. Die tägliche Haarpflege, die viel Zeit beanspruchte, ging nach einem strengen Ritual vor sich. Konstantin Christomanos, der Griechischlehrer, dem die Aufgabe zufiel, während des Frisierens Elisabeths Kenntnisse in Griechisch zu vertiefen, hat das eindrucksvolle Schauspiel wortreich und hymnisch beschrieben: »Die Kaiserin saß an einem Tisch, der in die Mitte des Raumes gerückt und mit einem weißen Tuch bedeckt war«, berichtet er, »in einen weißen, mit Spitzen besetzten Frisiermantel gehüllt, mit aufgelösten Haaren, die bis zum Boden reichten und ihre Gestalt vollkommen entwickelten ... Hinter dem Sessel der Kaiserin stand die Friseuse in schwarzem Kleide mit langer Schleppe, eine weiße Schürze mit Spinngeweben vorgebunden, als Dienende selbst von imposanter Erscheinung ... Mit weißen Händen wühlte sie in den Wellen der Haare, hob sie dann in die Höhe und tastete darüber wie über Samt und Seide, wickelte sie um die Arme wie Bäche, die sie auffangen möchte, teilte die einzelne Welle in mehrere und trennte dann jede von diesen in unzählige Fäden, die im Sonnenlicht wie Gold wurden. Dann wob sie aus all diesen Strahlen neue ruhige Wellen, flocht sie zu kunstvollen Geflechten, hob die Schlangen empor und ringelte sie um das Haupt und band daraus, mit Seidenfäden dieselben durchwirkend, eine herrliche Krone ...« Am Ende der Prozedur neigte die Herrscherin den Kopf und die Dienerin versank in einen tiefen Hofknicks.
Die Künstlerin, der es gelang, die kaiserliche Haarflut zu bändigen war eine Bürgerliche namens Angerer, verehelichte Feifalik. Sie mußte ihrer Gebieterin am Ende der zeitaufwendigen Prozedur die ausgekämmten Haare auf einer Silberschüssel präsentieren, wobei sie ab und zu, wenn der Haarausfall zu reichlich ausfiel, vorwurfsvollen Blicken ausgesetzt war. Für ihre verantwortungsvolle Tätigkeit wurde die Friseuse fürstlich entlohnt. Ihre jährliche Gage von 2 000 Gulden entsprach dem Gehalt eines Universitätsprofessors. Ihr Ehemann brachte es als Privatsekretär der Kaiserin bis zum Hofrat und wurde in den Ritterstand erhoben.
Elisabeth bezeichnete sich einmal in weiser Selbsterkenntnis als die »Sklavin ihrer Haare«. Sie war ebenso eine Sklavin ihres Schlank-

heits- und Schönheitswahns. Sie quälte ihren Körper nicht nur mit ihren berüchtigten Hungerkuren, sie unterwarf ihn auch anderen Torturen. So unternahm sie stundenlange Fußmärsche, bei denen sie ein so gewaltiges Tempo vorlegte, daß den sie begleitenden Hofdamen, die keuchend hinter ihr herliefen, der Atem ausging.
Die Kaiserin war überhaupt ständig in Bewegung. Es fiel ihr schwer, stillzustehen und -zusitzen. Bezeichnenderweise gab es in ihren Appartements keine Sessel. Ihr ungeheurer Bewegungsdrang mußte sich nur ihrer Eitelkeit unterordnen. Bei der Haarpflege und -wäsche und beim Anprobieren ihrer Kleider – sie ließ sich zur Betonung ihres Körpers in ihre Kleidung einnähen – mußte sie stillhalten. Ansonsten war sie ständig auf der Flucht vor ihrer Umwelt und vor sich selbst. Ihre Sprachlektionen absolvierte sie im Gehen, Audienzen erteilte sie, wenn sie überhaupt dazu aufgelegt war, sogar auf dem Pferderücken. Der betreffende Bittsteller mußte dann eben im Galopp neben ihr herreiten.
Das Reiten war von Kindheitstagen an Elisabeths Lieblingssport. Sie ritt zunächst Hohe Schule. Als ihr das zu langweilig wurde, widmete sie sich nach englischem Muster der Parforcejagd, setzte halsbrecherisch über Hürden und Gräben und profilierte sich in dieser Disziplin als eine der besten Reiterinnen Europas. Die teuren Pferde kaufte natürlich der Kaiser.
Franz Joseph, der sich in der Hofburg unermüdlich den Regierungsgeschäften widmete, bangte um die Gesundheit seiner Frau, mahnte stets zur Vorsicht. Doch Elisabeth tat, was sie wollte, machte in den Turnsälen, die sie sich in jedem ihrer Schlösser einrichten ließ, am Barren und an den Ringen gymnastische Übungen, trainierte sich mit Hanteln und Gewichten ein paar Dekagramm von ihrem überschlanken Körper. Die ersten Nachrichten über diesen Spleen lösten in der Öffentlichkeit Erstaunen, Verwunderung und Entsetzen aus. Eine Kaiserin im Turnanzug konnte man sich schwer und wollte man sich nicht vorstellen.

Im Gegensatz zu ihrem prosaischen Gemahl hatte Elisabeth eine romantische Ader, literarische Neigungen und künstlerische Vorlieben. Ihr Bildungseifer war enorm und unterschied sich von einer Hof-

gesellschaft, die Wissenschaft, Kunst und Kultur nur ein sehr geringes, herablassendes Interesse entgegenbrachte.
Die große Liebe der Kaiserin gehörte Griechenland mit seinen antiken Mythen, seiner Sprache, seiner Geschichte und seiner landschaftlichen Schönheit. Sie unternahm lange Seereisen in der Ägäis und folgte den Spuren der antiken griechischen Helden, unter denen Achill eine bevorzugte Stellung einnahm. Das Märchenschloß, das der Kaiser für sie auf der Insel Korfu errichten ließ, erhielt den Namen »Achilleon«. In diesem herrlichen Schloß mit dem bezaubernden Blick auf das Meer hing sie ihren Träumen nach, pflegte sie ihre Melancholie, versenkte sie sich in ihre Seelenwelt. Ruhe fand sie auch dort nicht.
Um das Land ihrer Sehnsucht besser zu verstehen und die Werke Homers im Original lesen zu können, begann Elisabeth mit dem Studium des Alt- und Neugriechischen. Sie engagierte für den Unterricht griechische Lehrer und Studenten, die sie auf ihren Reisen und Wanderungen begleiten mußten und denen sie großes Verständnis und Vertrauen schenkte.
Der Kaiser hatte für die Griechenlandbegeisterung seiner exzentrischen Gemahlin nur ein Kopfschütteln übrig. Er hielt sich wie alle anderen geistigen Ambitionen Elisabeths im hohen Maße für verstiegen und bezeichnete sie, eher belustigt als verärgert, als »Wolkenkraxlereien«. Franz Joseph gestattete sich zwar dann und wann eine kritische Bemerkung darüber, ließ Sisi ansonsten aber gewähren. Es blieb ihm auch nichts anderes übrig, als freundliche Nachsicht zu üben.
Die Kaiserin von Österreich, die so gar nicht dem herkömmlichen Bild einer Monarchin entsprach, schrieb auch Verse. Elisabeth hatte schon als junges Mädchen kleine Gedichte verfaßt und ein Tagebuch geführt, in dem sie ihre Stimmungen und Gefühle festhielt. Das ist an sich nicht ungewöhnlich. Pubertäre lyrische Ergüsse dienen vielen Jugendlichen beim Übergang zum Erwachsenwerden zur Selbstfindung, zur geistigen und seelischen Orientierung. Sie münden entweder in ein echtes Bedürfnis, sich die Welt dichterisch zu erschließen und zu deuten, oder sie bleiben eine Episode. Elisabeths Hang zur Poesie verstärkte sich im reifen Alter. In den achtziger Jahren schrieb

sie Hunderte von Gedichten mit der erklärten Absicht, sich dadurch literarischen Nachruhm zu sichern.
Zu ihrem dichterischen Vorbild erkor sie Heinrich Heine, in dessen Gedankenwelt sie eintauchte. Ihre Identifikation mit dem zu dieser Zeit von der Öffentlichkeit wegen seiner Freigeistigkeit verfemten Dichter nahm glühend-schwärmerische, zum Teil groteske Formen an. Die Kaiserin erstand die (Original-)Ausgaben seiner Werke, umgab sich mit Büsten des Dichters und war davon überzeugt, mit ihrem Idol spiritistischen Umgang zu haben und von ihm inspiriert zu werden. »Es schluchzt meine Seele, sie jauchzt und weint, sie war heute Nacht mit der Deinen vereint«, reimte sie schmachtend, und diese beiden Verszeilen lassen erkennen, daß Elisabeths Seelenfreundschaft mit Heinrich Heine zur Manie ausuferte, in erotische Gefilde hineinreichte.
Die literarische Qualität dieser Gedichte reichte nicht im entferntesten an die Verse des von ihr so hochverehrten Meisters heran. Es sind dilettantische Reime, in denen da und dort Ironie und ein sarkastischer Humor aufblitzen. Sie geben aber einen tiefen Einblick in das komplizierte Seelenleben der Kaiserin und haben als kritische Äußerungen über das Leben, die Zustände und die handelnden Personen am österreichischen Kaiserhof einen gewissen historischen Stellenwert.

Nach dem Freitod des Kronprinzen, im knappen letzten Jahrzehnt ihres Lebens, war Elisabeth nur noch ein Schatten ihrer selbst. Ihre Schönheit war verwelkt. Sie verbarg ihr faltiges Gesicht hinter einem schwarzen Schleier oder einem Fächer, ihr Körper, den sie so lange gequält hatte, quälte jetzt sie. Sie litt an Neuralgien und Depressionen, ihre Gelenke schmerzten, sie fand keinen Schlaf, sie war hochgradig nervös, seelisch gebrochen. Marie Valerie, die Lieblingstochter, registrierte es mit Wehmut: »Die tiefe Traurigkeit, die Mama früher doch nur zeitweilig umfing, verläßt sie jetzt nicht mehr«, klagte sie. »Da gibt es keinen, auch nur vorübergehenden Sonnenblick mehr – alles ist düster, trostlos.«
An der unvernünftigen Lebensweise der Kaiserin änderte sich wenig. Schwarzgekleidet und Trauer verbreitend, irrte sie durch eine Welt,

die ihr nichts bedeutete, kehrte nur noch selten und für kurze Zeit nach Wien zurück, in die Stadt, in der sie nie heimisch geworden war. Das Leben war für sie längst sinnlos geworden. Immer öfter sprach sie und sehnte sie sich nach dem Tod. Er kam dann so schnell und schmerzlos, wie sie es sich gewünscht hatte. Der italienische Anarchist Luigi Lucheni stieß ihr am 10. September 1898 in Genf eine dreikantig zugeschliffene, messerscharfe Feile ins Herz.

Elisabeth, die Gattin Kaiser Franz Josephs, war vieles – und vieles nicht. Vor allem war sie keine Kaiserin. Sie führte nur diesen Titel. Ihr Nimbus strahlt dennoch so hell wie eh und je. Elisabeth galt und gilt auch noch hundert Jahre nach ihrem Tod als d i e Kaiserin schlechthin. Historisch gesehen ist das falsch. Aber daran wird sich wohl auch in den nächsten hundert Jahren nichts ändern. Ein Mythos stirbt nicht.

Kaiserin Zita

Kaiserin ohne Reich

Gemahlin Kaiser Karls I.
Geboren am 9. Mai 1892 in Villa Pianore bei Lucca/Italien
Heirat am 21. Oktober 1911 in Schwarzau am Steinfeld/NÖ
Gestorben am 14. März 1989 in Zizers/Schweiz

Am 21. Oktober 1911 bot der kleine Ort Schwarzau am Steinfeld, südlich von Wiener Neustadt, einen ungewöhnlichen Anblick. Die Häuser waren beflaggt, Fenster und Türen mit Blumengirlanden und Reisig geschmückt. Entlang der Hauptstraße bildeten festlich gekleidete Schulkinder und Erwachsene ein dichtes Spalier. Die Menschen reckten die Hälse, ihre Gesichter drückten erwartungsvolle Spannung aus. Die Feststimmung und die mit ihr gepaarte Schaulust waren verständlich. Man erwartete die Ankunft des Kaisers. Franz Joseph, 81 Jahre alt, von der Last der Staatsgeschäfte und eines langen, ereignisreichen Lebens gebeugt, hatte seine Anwesenheit bei der Hochzeit seines Großneffens, Erzherzog Karl, mit Prinzessin Zita von Bourbon-Parma zugesagt.

Kurz nach elf Uhr ging ein Ruck durch die Menge. Das Auto, in dem der Kaiser saß, fuhr durch den Ort auf Schloß Schwarzau zu, wo für kurze Zeit später die Vermählung des hohen Paares anberaumt war. Franz Joseph, offenbar unbeschwert und in guter Stimmung, nickte den Menschen nach rechts und links freundlich zu.

Im Schloß, das damals im Besitz der Herzogsfamilie von Parma war – es ist heute eine Frauenstrafanstalt –, wurde der greise Monarch mit einer eigens für diesen Anlaß komponierten Kaiserfanfare begrüßt und vom Chef des Hauses Bourbon, dem Herzog von Madrid Don Jaime, der Hausherrin, Herzogin Maria Antonia von Parma, und dem Brautpaar willkommen geheißen. Er wurde in den Empfangssaal geleitet, wo die zahlreiche Hochzeitsgesellschaft bereits versammelt war. Bald darauf formierte sich der Hochzeitszug und machte sich auf den Weg in die festlich geschmückte Schloßkapelle. Unter dem feierlichen Klang der Orgel wurden der Erzherzog und seine junge, hübsche Braut zum Betstuhl geleitet, der vor dem Altar aufgestellt war. Die Trauung nahm Monsignore Bisletti, der persönliche Vertreter von Papst Pius X., vor. Nach dem Jawort und dem Ringtausch begab man sich zurück in den Theresiensaal des Schlosses, wo das Hochzeitsmahl stattfand. Der Kaiser hielt eine kurze Tischrede, in der er Erzherzogin Zita »mit inniger Freude« als neues Mitglied seines Hauses begrüßte. Er konnte nicht ahnen, daß seine Worte an die nächste und letzte Kaiserin von Österreich gerichtet waren.

Zita von Bourbon-Parma war inmitten ihrer Geschwister, ihrer Stiefbrüder und -schwestern mehrsprachig aufgewachsen. Die Umgangs- und Unterrichtssprache im Elternhaus war Französisch, der Vater sprach mit ihr oft italienisch, die Mutter zuweilen deutsch. Die deutsche Sprache vervollkommnete sie später im Konvikt der Salesianerinnen im bayerischen Zangberg. Als Kaiserin beherrschte sie Deutsch in Wort und Schrift perfekt.
Von ihrer schönen, hochgewachsenen Mutter, die in ihrer Person Adelsstolz und Würde verkörperte, hat Zita viel geerbt: ihren unbeugsamen Willen, ihre Energie, ihre Sittenstrenge.
Die Prinzessin wurde wie ihre Geschwister streng zu Bescheidenheit, Pflichterfüllung und Disziplin und zu einem tätig-wohltätigen Christentum erzogen. Die Religion spielte im Leben der späteren Kaiserin eine zentrale Rolle, sie war von einer tiefen Frömmigkeit und einem unerschütterlichen Gottvertrauen erfüllt.
Zita liebte ihre Mutter, aber in ihrer Liebe mischte sich doch auch ein wenig Angst vor ihrer Strenge. Der Vater, ruhig, besonnen, vornehm, allem Schöngeistigen auf das Wärmste verbunden, versuchte die mütterliche Strenge zu mildern, wirkte beruhigend und vermittelnd. Zita, die den Vater im Alter von fünfzehn Jahren verlor, hat ihm zeitlebens ein liebevolles Andenken bewahrt.
1907, zum Zeitpunkt seines Todes, hatte sie nach einer glücklichen Kindheit, die sie auf den elterlichen Besitztümern in Italien und (Nieder-)Österreich verbracht hatte, bereits vier Jahre Internatserziehung hinter sich.
Die schwarzgekleideten Salesianerinnen von Zangberg, deren Höhere Töchter Schule die Prinzessin besuchte, führten ein strenges Regiment. Zita wurde nicht nur in den modernen Fremdsprachen, die ihr vom Elternhaus her bereits geläufig waren, weiter ausgebildet, sie erhielt nach dem bayerischen Gymnasiallehrplan auch Unterricht in Mathematik, Geographie, Geschichte, Naturkunde und Musik. Zugleich erlernte sie Hausfrauenarbeiten wie Flicken, Stopfen und Nähen, und auch das Körpertraining kam nicht zu kurz. Religiöse Ausbildung und Religiosität der Prinzessin erfuhren eine Vertiefung. Zangberg hat Zita in ihrer Jungmädchenzeit geistig und charakterlich

geprägt. 1908 nahm sie von dort Abschied, verbrachte kurze Zeit bei der Familie und wurde dann auf die britische Kanalinsel Wight geschickt, wo sie in der Benediktinerinnenabtei St. Cécile ihre Ausbildung perfektionieren und abschließen sollte. Sie vertiefte in dem strengen Kloster ihre Kenntnisse in Theologie und Philosophie, vervollkommnete ihr Englisch, wurde in den gregorianischen Chorgesang eingeführt und entdeckte ihre Liebe zum Orgelspiel. Sie blieb allerdings nicht lange. Das harte Studium und das ungewöhnliche Klima setzten ihrer Gesundheit zu. Später einmal sagte sie darüber: »Das Studium in St. Cécile ist sehr anstrengend gewesen. Als mich einmal meine Tante, Erzherzogin Maria Theresia, im Kloster besuchte, war sie bestürzt darüber, wie blaß ich angeblich aussah. Kurze Zeit später besuchte mich dann ihre Tochter, Erzherzogin Maria Annunziata, und holte mich ab. Sie half mir sogar beim Kofferpacken. Ein paar Tage verbrachten wir noch in London, dann ging's nach Franzensbad in Böhmen ...«

Im böhmischen Kurort lief ihr, keineswegs zufällig, ein Oberleutnant der k.u.k. Armee über den Weg, den sie aus Kindheitstagen kannte: Erzherzog Karl, der Großneffe des Kaisers. Der gutaussehende Erzherzog hatte das Mädchen bei seinen Sommeraufenthalten auf den Schlössern Schwarzau und Frohnsdorf (Gemeinde Lanzenkirchen, Niederösterreich) nicht sonderlich beachtet. Jetzt stach ihm die Prinzessin in die Augen, und auch Zita fand den Dragoneroffizier höchst attraktiv. Man traf sich öfter und kam einander näher. Bald munkelte man am Kaiserhof von einer bevorstehenden Verbindung.

Der am 17. August 1887 auf Schloß Persenbeug an der Donau geborene Erzherzog war für die ehrgeizige bourbonische Prinzessin eine hervorragende Partie, die beste, die sich für sie vorstellen ließ. Nicht nur aus dynastischen, sondern auch aus privaten Gründen. Der Sohn des vielseitig begabten, lebenshungrigen Erzherzogs Otto und der sittenstrengen sächsischen Prinzessin Maria Josepha war nach seinem Onkel Franz Ferdinand der zweite Anwärter auf die Kaiserkrone. Seine Erziehung war zwar nicht speziell auf diesen Umstand ausgerichtet gewesen, aber der Erzherzog hatte eine sorgfältige Ausbildung erhalten. In dem Fächerkanon, den der erzherzogliche Lehrplan vorsah, wurde auf religiöse Unterweisung, das Studium von Fremdsprachen (Englisch, Französisch und die Hauptsprachen der Monarchie) und körperliche Ertüchtigung besonderer Wert gelegt. Daneben kamen aber auch die naturwissenschaftlichen Fächer und die Literaturstudien nicht zu kurz.

Karl besuchte ab dem 13. Lebensjahr als Privatist das angesehene Wiener Schottengymnasium, was für ein Mitglied des Herrscherhauses ungewöhnlich war. Er legte an dieser Schule jedoch nur die Abschlußprüfungen über den Lehrplan der Unterstufe ab.

Auf Reisen durch einige Länder der k.u.k. Doppelmonarchie, nach Großbritannien und Frankreich, erweiterte er seinen geistigen Horizont. Nach dem Tod des Vaters im Jahr 1906 übernahm Franz Ferdinand gemeinsam mit der Mutter die Vormundschaft über den Neunzehnjährigen und veranlaßte, daß sein Neffe, dem er große Sympathien entgegenbrachte, von bedeutenden Universitätsprofessoren in neue Studiengebiete eingeführt wurde: in das Staats-, Verwaltungs- und Völkerrecht, in das Bürgerliche Recht, in die Wirtschaftswissenschaften.

Der Kaiser kümmerte sich um die Ausbildung seines Großneffen herzlich wenig. Es genügte ihm, daß er einen guten Offizier abgab und kein so ausschweifendes Leben führte wie sein Vater. Franz Joseph zog Karl Franz Joseph nur gelegentlich zu Repräsentationsaufgaben heran, vermied es aber, ihn auf größere staatspolitische Aufgaben vorzubereiten, ein Versäumnis, das sich bitter rächen sollte.

Der Erzherzog war eine liebenswerte, warmherzige Persönlichkeit. Ganz im Gegensatz zum alten Kaiser, der sich vom Leben der einfachen Leute überhaupt keine Vorstellung machen konnte, weil er es ganz einfach nicht kannte, und dem schroffen, ungestümen Franz Ferdinand, war Karl um Volksnähe bemüht. Er verkörperte eine neue Herrschergeneration. Er war schlicht, bescheiden, freundlich und gewinnend in seinem Auftreten, er kehrte im Umgang mit den Menschen nicht die Majestät und das Gottesgnadentum des Herrschers hervor. Karl besaß ein ausgeprägtes soziales Gewissen und war von tiefer Religiosität erfüllt. Sein Naturell war, vom mütterlichen Erbe her, von Verbindlichkeit und Nachgiebigkeit geprägt. Er war allerdings wenig entscheidungsfreudig. Aber er hatte nach seiner Vermählung eine Frau zur Seite, der es an Resolutheit, Tatkraft und Herrscherwillen nicht mangelte.

Nach den Hochzeitsfeierlichkeiten im Schloß Schwarzau verbrachte das junge Ehepaar die Flitterwochen in Wartholz, der prachtvollen Villa am Rande des Kurortes Reichenau an der Rax. Er hatte sie von seinem Vater geerbt und dort einen Teil seiner Kindheit verbracht. Das schöne Herbstwetter lud zum Wandern, Reiten und Jagen ein. Karl und Zita machten eine Radtour zum Semmering, fuhren im Automobil durch die Umgebung – der Erzherzog saß selbst am Steuer –, besuchten den Wallfahrtsort Mariazell, hielten in einfachen Gasthöfen Rast.

In der zweiten Novemberwoche brach das junge Paar zur Hochzeitsreise auf. Der Weg führte in den Süden, nach Brixen zunächst, und von dort über Bozen, Trient und Grado nach Miramar, dem Lieblingsschloß des Erzherzogs. Per Schiff ging es dann weiter nach Brioni, Spalato (Split) und bei stürmischer See nach Ragusa (Dubrovnik). Die Seekrankheit, die sie befiel, war rasch überwunden, und bald ging es über Land dem nächsten Ziel zu: in die Provinz Bosnien-Herzegowina, die von der k.u.k. Doppelmonarchie drei Jahre zuvor annektiert worden war. Der Empfang des Paares in Mostar und Sarajevo war durchaus herzlich. Wer hätte ahnen können, daß drei Jahre später ein anderer österreichischer Erzherzog, der Thronfolger Franz Ferdinand, mit seiner Gattin beim Besuch ebendieser Stadt einem Mordanschlag zum Opfer fallen würde? Das Attentat war bekanntlich der zündende Funke, der Europa in das Inferno des Ersten Weltkrieges stürzte.

Obwohl die Hochzeitsreise Karls und Zitas inoffiziellen Charakter trug, konnte sich das Paar den Repräsentationspflichten doch nicht ganz entziehen. In den Landstrichen und Städten, durch die es kam, mußten Abordnungen empfangen und Hände geschüttelt werden. Es war ein Vorgeschmack auf Kommendes. Das neue Mitglied des Kaiserhauses, Erzherzogin Zita, entledigte sich ihrer neuen Aufgaben mit Noblesse und Würde.

Von der Herzegowina kehrte das Paar Ende November 1911 in die Kaiserstadt zurück. Und schon trat der Alltag wieder in seine Rechte. Unmittelbar nach seiner Rückkehr riefen dienstliche Verpflichtungen den Erzherzog in seine Garnison, das böhmische Alt-Bunzlau (Stará Boleslav) an der Elbe, zurück. Die Gemahlin kam mit. Das Paar bezog im Schloß Brandeis Quartier.
Zita nahm an der Seite ihres Mannes, wo und wann immer es nötig war, ihre gesellschaftlichen Verpflichtungen wahr und nahm auch alle Mühen und Strapazen auf sich, die mit seiner Stellung als Kommandant eines Dragonerregimentes verbunden waren. Als der Truppenkörper des Erzherzogs Ende Februar 1912 in das galizische Kolomea, in den nordöstlichsten Zipfel der Monarchie, versetzt wurde, reiste ihm die Gattin auch dorthin per Bahn nach und teilte mit ihm das unbequeme Garnisonsleben.
Der Aufenthalt in diesem entlegenen Winkel der Welt ging rascher zu Ende als erwartet. Karl zog sich bei Manövern durch einen Sturz vom Pferd eine schwere Gehirnerschütterung zu und begab sich in ärztliche Behandlung nach Wien. Einige Zeit später wurde er zum Major eines Infanterieregimentes befördert, das in der Haupt- und Residenzstadt stationiert war. Das durch seinen Offiziersberuf bedingte Wanderleben war damit zu Ende.
Das Erzherzogspaar nahm im Januar 1913 seine Wohnung im eigens für diese Zwecke renovierten und adaptierten Schloß Hetzendorf. Ein paar Monate zuvor, am 20. November 1912, hatte Zita ihr erstes Kind geboren, das auf den Namen Otto getauft wurde. Das Familienglück hätte nicht stimmiger sein können. In den nächsten zehn Jahren sollte Zita noch weiteren sieben Kindern, vier Söhnen und drei Töchtern, das Leben schenken.
Der Erzherzog und seine Gemahlin fühlten sich in Hetzendorf wohl. Karl versah als Bataillonskommandant Dienst in der Stiftskaserne und wurde als Mitglied des Kaiserhauses vom Monarchen häufig zu Repräsentationsaufgaben herangezogen. Er eröffnete gemeinsam mit seiner Gattin Ausstellungen, besuchte Wohltätigkeitsveranstaltungen, gab wesentlich zwangloser als der Kaiser Audienzen, empfing Besucher und unterhielt zum Thronfolger Franz Ferdinand und dessen

morganatischer Gemahlin Sophie betont herzliche Beziehungen. Zita zeigte sich allen diesen neuen Aufgaben blendend gewachsen. Sie erwies sich als fürsorgliche Gastgeberin und war eine einfühlsame Begleiterin ihres Mannes.

Das verhältnismäßig geruhsame Leben des Erzherzogspaares fand am 28. Juni 1914 durch die Ereignisse von Sarajevo ein jähes Ende. Karl und Zita erhielten die Nachricht von dem schicksalsschweren Attentat, das die Welt veränderte, in der Villa Wartholz. Die Erzherzogin dazu: »... Ich war Zeuge der Übermittlung dieser Todesnachricht. Es war einer der bemerkenswertesten Augenblicke in meinem Leben.«

Der Erzherzog und seine Gemahlin waren von einer Minute zur anderen zum Thronfolgerpaar einer europäischen Großmacht geworden. Sie kehrten unverzüglich nach Wien zurück, wo Karl den von Bad Ischl herbeigeeilten greisen Kaiser am Penzinger Bahnhof seine Aufwartung machte.

In den auf das Attentat folgenden dramatischen und spannungsgeladenen Wochen, in denen in Gesprächen, diplomatischen Verhandlungen und Konferenzen auf höchster politischer Ebene über Krieg oder Frieden geredet, über das Schicksal Europas entschieden wurde, blieb der Thronfolger der österreichisch-ungarischen Monarchie auf die Rolle eines unbeteiligten Zuschauers beschränkt. Er wurde zu keiner Verhandlung zugezogen, man fragte ihn nicht um seine Meinung, hielt ihn von allen Entscheidungen fern. Es gibt dafür von Historikerseite die verschiedensten Erklärungsversuche. Die Kaiserin hat rückblickend, aus dem Abstand von Jahrzehnten, gemeint, daß Franz Joseph den Thronerben aus »jeglicher Verstrickung heraushalten« wollte. Tatsache ist, daß den friedliebenden Erzherzog am Ausbruch des Ersten Weltkrieges nicht die geringste Schuld trifft.

Nach Kriegsbeginn wurde Karl vom Kaiser dem in Galizien stationierten Armeeoberkommando zugeteilt. Zita übersiedelte mit ihren beiden Kindern über Wunsch Franz Josephs von Schloß Hetzendorf in den Ostflügel des Schlosses Schönbrunn.

Der junge Thronfolger lernte in den nächsten beiden Jahren an den verschiedensten Frontabschnitten den Krieg aus nächster Nähe kennen. Er kehrte immer wieder nach Wien zurück, um dem Kaiser über die Armeeführung und den Zustand der Truppe Bericht zu erstatten. Er erhielt von Franz Joseph auch den Auftrag, mit Ministern, deutschen Diplomaten und Militärs Gespräche zu führen. Seine Gemahlin schenkte in dieser Zeit zwei Söhnen das Leben (Robert, 1915, und Felix, 1916), besuchte Lazarette, sprach den verwundeten Soldaten Trost zu und wurde dem einsamen Monarchen in Schönbrunn, der sie in ihren Appartements aufsuchte und dem sie mit den Kindern Besuche abstattete, zur vertrauten Gesprächspartnerin.

Am 21. November 1916, wenige Minuten nach neun Uhr abends, erlosch das Leben des betagten Kaisers. Erzherzog Karl, nunmehr 29 Jahre alt, trat die Nachfolge an, Österreich hatte nach 18jähriger Unterbrechung auch wieder eine Kaiserin. Sehr zum Unterschied von ihrer Vorgängerin Elisabeth, die keine Kaiserin sein wollte und im Grunde ihres Herzens auch keine war, war die fromme, ehrgeizige, willensstarke Zita von ihrer kaiserlichen Würde zutiefst erfüllt, von der Legitimation des Herrscheramtes überzeugt.
Die junge Kaiserin war resolut, an der Politik interessiert und keineswegs gewillt, den Dingen ihren Lauf zu lassen. Sie begleitete ihren Gemahl bei Frontbesuchen, nahm an den Besprechungen mit Ministern und Diplomaten teil und beeinflußte dezent und (oft) unauffällig die Entscheidungen des Kaisers. Zita war zweifellos die stärkere Persönlichkeit, sie war energischer, entschlußkräftiger, scharfsinniger. Wie weit ihr Einfluß ging, welche Wirkung er hatte, darüber gehen die Meinungen der Historiker auseinander. In der Öffentlichkeit galt die »Italienerin«, wie man sie abschätzig nannte, als Drahtzieherin hinter den Kulissen, man machte sie für viele Fehlentscheidungen und Mißerfolge verantwortlich. Die Kaiserin war in den breiten Volksschichten nicht beliebt. Das negative Urteil basierte freilich weitgehend auf Ressentiments und boshaft-böswilliger Mundpropaganda.
Nach dem Tod des alten Kaisers kreierte Karl in der Hofburg einen neuen Regierungsstil. Das Zeremoniell wurde gelockert, der Frackzwang bei Audienzen aufgehoben. Karl ersetzte die Unnahbarkeit, die Franz Joseph ausgestrahlt und den Monarchen von seinen Unter-

tanen abgehoben hatte, durch freundliche Zugänglichkeit und Volksnähe. Er gab sich eher formlos und führte mit seiner Familie für kaiserliche Verhältnisse ein verhältnismäßig anspruchsloses Leben. Dieser »spartanische« Lebensstil entsprach durchaus den Vorstellungen der Kaiserin. Sosehr Zita von ihrer monarchischen Sendung überzeugt war, so wenig hatte sie für Prunk und Verschwendung übrig. Glanzvolle Hofbälle und große Empfänge gehörten der Vergangenheit an. Es war gewiß auch nicht die Zeit dafür.

Die erste wichtige Entscheidung des jungen Herrschers, zu der er sich auf Drängen des ungarischen Ministerpräsidenten Stefan Graf Tisza und wohl auch mit Zustimmung der Kaiserin entschloß, war seine Krönung zum ungarischen König in Budapest, die am 30. Dezember 1916 stattfand. Zita wurde in einem pompösen, nach einem altehrwürdigen Zeremoniell ablaufenden Staatsakt zur ungarischen Königin gekrönt. Das glanzvolle Ereignis hat sich ihr »tief ins Herz gegraben«, ihr majestätisches Auftreten beeindruckte sogar den deutschen Botschafter Botho Graf Wedel. »Darf man eine Voraussage wagen«, faßte er einen Tag nach der Krönung seine Eindrücke zusammen, »so ist es diese, daß in dieser Ehe und in dieser Regierung die Kaiserin eine große, vielleicht die entscheidende Rolle spielen wird, denn sie scheint an Klugheit und Leidenschaft ihrem Gemahl überlegen ...«

Am opulenten Krönungsmahl nahm das Herrscherpaar nicht teil. Es kehrte noch am Krönungstag nach Wien zurück.

Während der Kaiser weitere Entscheidungen traf, den Oberbefehl über die gesamten Streitmächte übernahm, die Kommandozentrale von Teschen nach Baden verlegte und eine neue Regierung mit dem böhmischen Großgrundbesitzer Heinrich Clam-Martinitz als Ministerpräsidenten und dem Grafen Ottokar Czernin als Außenminister bestellte, widmete sich die Kaiserin sozialen Aufgaben. Sie organisierte Spendenaktionen zugunsten notleidender Kinder, stattete Kranken- und Waisenanstalten unangemeldet Besuche ab, sorgte für die Kriegsopfer, setzte sich energisch für die Idee der Kriegspatenschaft ein, die darauf abzielte, Kinder, die zu Waisen oder Halbwaisen geworden waren, durch eine monatliche Geldspende zu unterstützen. Sie übernahm mit ihrem Gemahl die Schirmherrschaft über die

Österreichische Gesellschaft vom Roten Kreuz und initiierte gemeinsam mit ihm die Errichtung eines Ministeriums für Volksgesundheit und Soziale Fürsorge.
Kaiserin Zita hatte ein ausgeprägt soziales Gewissen, ihr Einsatz für notleidende und hilfsbedürftige Menschen war von einer großartigen Intensität. Mit derselben Intensität engagierte sich die Kaiserin für den Frieden. Sie scheute sich nicht, ihrer grundsätzlichen Einstellung gegen den Krieg auch bei Gesprächen mit hohen deutschen Militärs Ausdruck zu verleihen. Als ihr anläßlich eines Besuches beim Kaiserpaar in Wien Admiral Henning von Holtzendorff vorwarf, eine Gegnerin des U-Boot-Krieges zu sein, entgegnete sie scharf: »Ich bin gegen den Krieg, so wie jede andere Frau, die Menschen lieber glücklich als in so einem Unglück sieht, wie dieser Krieg eines ist, der Krieg, in dem so viele leiden ...« Diplomatisch war diese Antwort nicht, aber sie brachte Zitas Gefühle zum Ausdruck.
Die Friedensliebe teilte die Kaiserin mit ihrem Gemahl. Ein baldiger Friedensabschluß gehörte zum Regierungsprogramm des jungen Monarchen. Ihn herbeizuführen war freilich alles andere als einfach. Da alle offenen Friedensbemühungen bis zu diesem Zeitpunkt gescheitert waren, entschlossen sich Karl und Zita im Winter 1917 dazu, über Geheimkontakte Verbindungen zur französischen und britischen Regierung herzustellen. Sie liefen über die Brüder der Kaiserin, Sixtus und Xavier von Bourbon-Parma, die als Offiziere in der belgischen Armee dienten.
Die Kaiserin hatte an den unter dem Namen »Sixtus-Affäre« in die Geschichte eingegangenen Friedensbemühungen, deren Details hier nicht zu erörtern sind, einen großen, entscheidenden Anteil. Sie erteilte dem ungarischen Grafen Thomas Erdödy, den der Kaiser als Kontaktmann zu seinen Schwägern gewählt hatte, Instruktionen, sie bat ihre beiden Brüder brieflich, nach Wien zu kommen, sie war an der Textierung des Schreibens an den französischen Ministerpräsidenten Raimond Poincaré beteiligt, in dem der Kaiser kundtat, daß er »mit allen Mitteln und unter Anwendung seines ganzen persönlichen Einflusses bei seinen Verbündeten die gerechten Rückforderungsansprüche Frankreichs mit Bezug auf Elsaß-Lothringen unterstützen

werde«. Sie konferierte mit Außenminister Czernin, sie lud ihren Bruder Sixtus ein, ein zweites Mal nach Wien zu kommen.
Die Friedensbemühungen des österreichischen Kaiserpaares sind bekanntlich gescheitert. Sie wurden publik, als der französische Ministerpräsident Georges Clemenceau, der Nachfolger Poincarés, nach einer heftigen Pressefehde zwischen ihm und Außenminister Czernin die »Sixtus-Briefe« im April 1918 der Weltöffentlichkeit zur Kenntnis brachte. Der Kaiser mußte nach einem Dementi, das er mit der Kaiserin abgesprochen hatte, schließlich die Echtheit der Vorschläge bestätigen.
Die Folgen der Sixtus-Affäre für das Ansehen und die Glaubwürdigkeit des Kaiserpaares und für die Donaumonarchie waren verheerend. Karl stand als Lügner da, seine Friedenspolitik war unglaubwürdig geworden. Die Hauptschuld an der unrühmlichen Angelegenheit maß man der Kaiserin zu. Sie wurde als »Verräterin« gebrandmarkt, die deutschnationalen Kreise inszenierten gegen sie eine beispiellose Hetzkampagne. Zita, die »Italienerin«, die »Katzelmacherin«, wurde für alles verantwortlich gemacht, für jede Fehlleistung, jede unpopuläre Maßnahme, jede verlorene Schlacht. Ihr Ruf, ihr Ansehen, ihr Image, ihre Beurteilung durch die Geschichtsschreibung, die Meinung des Volkes über sie werden bis zum heutigen Tag von diesen Angriffen auf ihre Person bestimmt.
Staatspolitisch bedeutete die Sixtus-Affäre das Ende der eigenständigen österreichischen (Außen-)Politik. Die österreichisch-ungarische Monarchie segelte im Schlepptau des Deutschen Reiches in den Untergang.

Im Herbst des Jahres 1918 war der Auflösungsprozeß der jahrhundertealten, längst morsch gewordenen Donaumonarchie in vollem Gang. Die Front war zusammengebrochen, der Krieg verloren. In Prag und Agram, in Laibach und Lemberg, in Krakau und Budapest beherrschten Massendemonstrationen das Straßenbild. Man forderte nationale Selbständigkeit und Eigenstaatlichkeit. Die einzelnen Nationen begannen, sich aus dem Verband der Monarchie zu lösen.

Gab es in dieser verzweifelten Situation noch eine Möglichkeit, eine echte Chance, den übernationalen habsburgischen Vielvölkerstaat zu retten? Wohl kaum. Der Kaiser und seine Gemahlin freilich glaubten, den Zusammenbruch in letzter Minute verhindern zu können. Am 16. Oktober 1918 erließ Karl ein »Völkermanifest«, das die Umgestaltung des Reiches in einen Bundesstaat freier Völker vorsah.
Doch jedes Wort, jeder Satz der kaiserlichen Proklamation war in den Wind gesprochen. Der Zerfallsprozeß der k.u.k. Doppelmonarchie war nicht mehr aufzuhalten. »Österreich-Ungarn stirbt an Altersschwäche und innerer Zersetzung«, kommentierte eine Laibacher Zeitung. »Die Regierung aber verschreibt ein Rezept für Zahnschmerzen.«
Der Kaiser und seine Gemahlin waren fest entschlossen, auf ihren Posten zu bleiben. Noch am 23. Oktober 1918 traten sie mit viel Gepäck und der offiziellen Begründung, in Debreczen ein Universitätsgebäude zu eröffnen, eine Reise nach Ungarn an. Der tiefere Grund für die Fahrt war aber wohl ein privat-familiärer. Das Kaiserpaar wollte die Kinder auf Schloß Gödöllö unterbringen, wo es sich für sie größere Sicherheit als in Österreich erhoffte. Tatsächlich kehrten Karl und Zita ein paar Tage später nach Wien zurück, während der Nachwuchs in Ungarn blieb. Als jedoch Ende Oktober in Budapest die Revolution losbrach, mußten die Kinder eilends nach Schönbrunn zurückgebracht werden.
Im weitläufigen kaiserlichen Schloß an der Peripherie Wiens waren inzwischen die letzten Tage im kurzen Herrscherleben des österreichischen Kaiserpaares angebrochen. Karl und Zita ahnten es, aber sie harrten aus. Der Kaiser führte Gespräche mit Politikern, telefonierte mit der Armeeführung und amtierte weiter, als ob nichts geschehen wäre. Rings um ihn stürzte die Welt ein, aber er wollte es nicht zur Kenntnis nehmen.
Am 9. November erreichte ihn die Nachricht von der Abdankung des deutschen Kaisers Wilhelm II. Karl dachte nicht daran, einen ähnlichen Schritt zu tun, und wurde in seiner Haltung von der Kaiserin bestärkte, für die ein Verzicht auf die Krone aus Legitimitätsgründen schlichtweg unvorstellbar war.

Zwei Tage später, am 11. November, mußte er unter dem Druck der Ereignisse doch weichen. Der christlichsoziale Politiker und Sozialminister im letzten kaiserlichen Kabinett, Dr. Ignaz Seipel, hatte eine Formulierung gefunden, eine typisch österreichische Kompromißformel, die der Kaiser schließlich akzeptierte. Karl, so lautete der entsprechende Passus, sei gewillt, auf »jeden Anteil an den Staatsgeschäften zu verzichten«.

Der Kaiser verzichtete also auf die Macht, aber nicht auf die Krone. Ehe er dem Entwurf des Manifestes zustimmte, der das Schicksal des Hauses Habsburg endgültig besiegeln sollte, ließ der Kaiser allerdings die Kaiserin herbeirufen. Zita las das Dokument mit wachsender Erregung. Dann rief sie heftig aus: »Niemals! Das ist ausgeschlossen, daß du das unterschreibst. Das ist ja eine Abdankung!« Und weiter: »Niemals kann ein Herrscher abdanken! Er kann abgesetzt werden, er kann seiner Herrscherrechte verlustig erklärt werden – nun gut, das ist eben Gewalt. Aber diese Gewalt verpflichtet nicht zur Anerkennung, daß er seine Rechte verloren habe. Er muß sie weiterverfolgen – je nach Zeit und Umständen – ... Aber abdanken? Nie, nie, nie!«

»Nein, Karl«, sprach sie weiter, »lieber falle ich hier mit dir! Dann wird Otto kommen. Und selbst wenn wir alle, alle hier fallen sollten – noch gibt es andere Habsburger ...«

Diese Szene wird von Freiherr Karl Werkmann in seinem Buch »Der Tote auf Madeira« überliefert, dem Sekretär und Vertrauten des Kaisers, der seinem Monarchen das Dokument vorlegte. Nach einem kurzen Wortwechsel gab der Kaiser seine Zustimmung für die Veröffentlichung des Manifestes, um drei Uhr nachmittags unterzeichnete er die Reinschrift des historischen Papiers. Ein jahrhundertelanger Abschnitt der österreichischen Geschichte war zu Ende.

Zita empfand es anders. Sie war davon überzeugt, daß es kein dynastischer Abschied für immer war. Sie glaubte felsenfest an eine Rückkehr auf den Thron. Die Kaiserin sollte sich täuschen.

Noch am selben Tag faßte das Kaiserpaar den Entschluß, Schönbrunn zu verlassen und Schloß Eckartsau im Marchfeld zum weiteren Aufenthalt zu wählen. Der Abschied prägte sich tief in Zitas Gedächtnis ein. »Der Kaiser und ich gingen mit unseren Kindern in die Schloßkapelle, wo wir ein kurzes Gebet sprachen, daß es uns vergönnt sein möge, eines Tages zurückzukehren«, erinnerte sie sich später. »Dann begaben wir uns in den sogenannten Zeremoniensaal, dort hatten wir alle versammelt, die noch geblieben waren. Wir verabschiedeten uns und dankten jedem einzelnen. Und dann die Treppe hinab in den Hof, wo die Autos warteten ... Es war schon dunkel, ein nebliger Herbstabend ... Wir riskierten es nicht, durch das Hauptportal vor dem Schloß zu fahren. Statt dessen hielten wir uns auf dem breiten, mit Kieseln bestreuten Fahrweg des Hauptkomplexes, der zum östlichen [Meidlinger] Tor führt. Unbemerkt passierten wir dort und verließen die Hauptstadt auf einer eigens dafür festgelegten Route. Ohne irgendwelche Störungen oder Zwischenfälle kamen wir spätabends in Eckartsau an.«

Das Leben auf Schloß Eckartsau war alles andere als luxuriös. Die kalte Jahreszeit war angebrochen. Es fehlte an Heizmaterial, die hohen Räume des Schlosses waren nicht warm zu bekommen. Auch die Lebensmittel waren rar. Der Kaiser und einige der Kinder zogen sich schwere Erkältungen zu, wurden grippekrank. Nur die Kaiserin, die eine zähe Konstitution besaß, hielt sich einigermaßen aufrecht.

Zu den unerfreulichen Lebensbedingungen und den körperlichen Unpäßlichkeiten kam die Ungewißheit des Schicksals, die das Kaiserpaar seelisch schwer belastete. Existenzfragen standen auf dem Spiel, familiäre und solche, die den Staat betrafen. Würden sie im Land bleiben können, und wenn nicht, wohin sollten sie gehen, wenn sie es verlassen mußten? Würde Karl je wieder auf den Thron zurückkehren können? Zita plädierte für ein Verbleiben, der Kaiser konnte sich zu keinem Entschluß durchringen.

Zu diesen sorgenvollen Fragen gesellte sich noch das Problem der persönlichen Sicherheit. Zum Schutz der kaiserlichen Familie hatte der Wiener Polizeipräsident, Johannes Schober, zwar zehn bewaffnete Polizisten abkommandiert, aber sie wären bei einem gezielten Einsatz einer größeren Militäreinheit natürlich auf verlorenem Posten gestanden.

In der ersten Januarwoche des Jahres 1919 kam Staatskanzler Dr. Karl Renner nach Eckartsau, um Karl und Zita zur Ausreise zu bewegen.

Er mußte unverrichteter Dinge wieder nach Wien zurückkehren. Nach längeren Verhandlungen und eifrigen Bemühungen erklärte sich schließlich die Schweiz bereit, dem österreichischen Kaiserpaar Asyl zu gewähren. Die britische Regierung entsandte einen Offizier nach Eckartsau mit dem Auftrag, den persönlichen Schutz der Familie zu übernehmen und die Initiative für eine baldige Ausreise zu ergreifen. Oberst Edward Lisle Strutt gelang es, nicht nur das Vertrauen des Herrscherpaares zu gewinnen. Er war es auch, der Zita, die sich weigerte, das Land zu verlassen, umzustimmen vermochte. »Ein toter Habsburger ist für niemanden von Nutzen, ein lebender mit Familie aber vielleicht doch«, argumentierte er. Das leuchtete der Kaiserin ein. »Nun gut«, sagte sie, »wir werden abreisen, so wie Sie es für richtig halten.« Am 23. März 1919 war es dann soweit. Um 19.05 Uhr setzte sich der Sonderzug in Bewegung, der den letzten österreichischen Kaiser und seine Familie von der kleinen Bahnstation Kopfstetten nahe Eckartsau aus in das Schweizer Exil brachte. »Der Kaiser und die Kaiserin sahen nicht besonders gut aus«, berichtete die »Reichspost« an einem der folgenden Tage ihren Lesern. »Der Kaiser trug bei der Abreise die Marschallsuniform mit Mantel und schwarzer Hinterlandskappe, die Kaiserin trug ein schwarzes Seidenkleid, schwarzen Mantel und schwarzen Federhut.«
Die Fahrt quer durch Österreich verlief ohne Zwischenfälle. Nachdem der Zug in Feldkirch angekommen war, verfaßte der Ex-Kaiser ein Manifest, in dem er alle seit dem 16. Oktober des Vorjahres gemachten Zugeständnisse zurücknahm. Um 15.45 Uhr des nächsten Tages fuhr der Zug fahrplanmäßig in der Schweizer Grenzstation Buchs ein. Der Zufall wollte es, daß im Gegenzug, der nach Österreich rollte, der Schriftsteller Stefan Zweig saß. Er hat den historischen Augenblick in seinem Band »Die Welt von Gestern« festgehalten. »Der Kaiser«, schrieb er, »dieses Wort war für uns der Inbegriff aller Macht, allen Reichtums gewesen, das Symbol von Österreichs Dauer, und man hatte von Kind an gelernt, diese zwei Silben mit Ehrfurcht auszusprechen. Und nun sah ich seinen Erben, den letzten Kaiser von Österreich, als Vertriebenen das Land verlassen. Die ruhmreiche Reihe der Habsburger, die von Jahrhundert zu Jahrhundert

sich Reichsapfel und Krone von Hand zu Hand gereicht, sie war zu Ende in dieser Minute.«

In der Schweiz bezog die kaiserliche Familie zunächst Quartier auf Schloß Wartegg am Bodensee bei Konstanz, das der Herzogin von Parma, der Großmutter Zitas, gehörte. Karl und Zita erholten sich dort ein wenig von den Widerwärtigkeiten der vergangenen Monate. Wartegg erwies sich für die Schar der Neuankömmlinge als zu klein, und es lag zu nahe an der österreichischen Grenze. Deshalb übersiedelte die Familie bereits am 20. Mai 1919 in die Villa Prangins am Genfer See. In diesem auf einer kleinen Anhöhe mit dem Blick auf die Savoyer Alpen und dem Mont Blanc gelegenen, geräumigen Gebäude, das von einem schönen Garten umgeben war, fühlten sich die Exilierten bald wohl.

Zita brachte im September ihr sechstes Kind zur Welt, den Sohn Robert, Karl las Zeitungen, schrieb Briefe, gab Audienzen, nahm alte Kontakte auf – so führte er im August Gespräche mit Dr. Seipel –, verfolgte mit Interesse das Weltgeschehen. Sein Blick war speziell auf Ungarn gerichtet. Dort wurde nach einem kommunistischen Zwischenspiel 1920 die monarchische Staatsform »mit ruhender königlicher Gewalt« wiederhergestellt. Da der rechtmäßige König – Karl hatte auf den ungarischen Königsthron nicht verzichtet – außer Landes war, wurde die Funktion eines Reichsverwesers geschaffen. Mit ihr wurde der letzte Kommandant der österreichisch-ungarischen Flotte, Nikolaus von Horthy, betraut. Der ehemalige Gefolgsmann Karls schickte nach seiner Wahl Ergebenheits- und Loyalitätserklärungen nach Prangins. Es sollte sich jedoch bald herausstellen, daß Horthy sein persönliches Regime festigen wollte und im geheimen gegen eine Restauration des Hauses Habsburg arbeitete.

Horthys Verhalten bestärkte Karl in seinem Entschluß, nach Ungarn zurückzukehren und die Königsherrschaft wiederherzustellen. Zita, die den Zeitpunkt für ungünstig hielt, scheint ihm davon abgeraten zu haben.

Das Unternehmen, das im März 1921 vonstatten ging, war in jeder Hinsicht schlecht vorbereitet, wurde dilettantisch und übereilt durchgeführt und scheiterte kläglich. Die internationale Reaktion fiel vernichtend aus, die Blamage war vollkommen. Zita, die am 1. März ihr siebentes Kind zur Welt gebracht hatte, fuhr dem Gemahl, der unter militärischer Bewachung per Bahn zur österreichischen Grenze zurückeskortiert wurde, zur Begrüßung entgegen. Sie hatte viel durchzustehen gehabt. Als sie ihren Gatten umarmte, standen Tränen in ihren Augen.

Eine Rückkehr nach Prangins wurde von der eidgenössischen Regierung nicht mehr gestattet. Anfang April 1921 mietete sich Karl für ein Jahr mit seiner Familie auf Schloß Hertenstein im Kanton Luzern am Vierwaldstätter See ein. Halbherzige Bemühungen, in einem anderen Land Asyl zu finden, blieben ohne Erfolg. Mit wesentlich größerem Eifer betrieb der Monarch seinen zweiten Restaurationsversuch in Ungarn. »Ich war jetzt einmal in Ungarn«, sagte er im Juli 1921 zu seinem ehemaligen Minister Ludwig Windisch-Graetz, »ich werde ein zweites, ein drittes und auch ein zehntes Mal zurückkehren und wieder versuchen, an die Spitze der Volksbewegung zu treten, um den zerrissenen Donauraum zusammenzuschmieden.« Rückblickend gesehen, nahm er den Mund wohl ein wenig zu voll.

Diesmal war das Abenteuer besser geplant. Sogar das Regierungsprogramm für seine Herrschaft hatte Karl mit Zita beraten. Und diesmal war Zita auch dazu entschlossen, das Unternehmen mitzumachen, obwohl sie wieder schwanger war. Versuche, sie davon abzubringen, wies sie energisch zurück. »Ich bin Königin von Ungarn ...«, sagte sie, »... ich habe auch die Pflicht als Königin des Landes ins Land zu kommen, wenn der König dort ist.«

Per Flugzeug begab sich das Königspaar am 20. Oktober 1921 nach Ungarn. Es war ein unbequemer Flug in einer kleinen, engen Maschine. Zita fror erbärmlich und wurde von Übelkeit befallen. Aber sie hielt tapfer durch. Schon die Landung verlief nicht ganz programmgemäß, und auch danach ging vieles schief. Als es im Verlauf der militärischen Operationen, die folgten, zu Gefechten zwischen den Truppen Karls und Admiral Horthys kam, brach der König den Kampf ab. Er wollte jedes weitere Blutvergießen vermeiden. Seine Rolle auf der Bühne der Weltgeschichte hatte er ausgespielt.

Karl und Zita verbrachten über Einladung des Grafen Franz Esterházy die Nacht nach dem abermals gescheiterten Restaurationsversuch auf Schloß Totis. An einem der nächsten Tage wurden sie in das Benediktinerstift Tihany am Plattensee gebracht und dort unter strenge Bewachung gestellt. In London und Paris, in Budapest, Prag und Belgrad zerbrachen sich die Politiker die Köpfe, dachte man angestrengt darüber nach, was mit dem letzten Kaiserpaar aus dem Hause Habsburg-Lothringen geschehen sollte. Schließlich erklärte die ungarische Nationalversammlung »die souveränen Rechte König Karls IV. für erloschen«, und über französischen Vorschlag einigte man sich darauf, den Exkaiser und seine Gemahlin auf die portugiesische Atlantikinsel Madeira zu verfrachten. Den Betroffenen wurde der Bestimmungsort verschwiegen, die Kinder blieben in der Schweiz zurück.

Die Odyssee des Herrscherpaares, die drei Wochen dauern sollte, begann am 31. Oktober 1921. Karl und Zita wurden an diesem Tag per Bahn von Tihany nach Baja an der Donau gebracht, wo der britische Dampfer »Glowworm« auf sie wartete. Mit ihm ging die Fahrt donauabwärts bis Sulina und dann auf einem anderen Schiff, dem 5000-Tonnen-Kreuzer »Cardiff«, nach Konstantinopel. Quer durch das Mittelmeer und die Meerenge von Gibraltar erreichten Karl und Zita bei stürmischer See am 19. November die Insel. Zita notierte lapidar in ihrem Tagebuch: »Gott sei Lob und Dank, heute ist es aus. Wir sind in Funchal angekommen.«

Dem Kaiserpaar wurde die Villa Victoria, eine Dependance des berühmten Reid's Palace, als Quartier zugewiesen. Ohne Kinder, nur mit dem nötigen Bargeld ausgestattet – der Familienschmuck und das Vermögen waren beim zweiten Restaurationsversuch in der Schweiz zurückgeblieben – und von allen gesellschaftlichen Kontakten ferngehalten, verbrachten Karl und Zita auf Madeira ein trauriges Weihnachtsfest.

Im Januar 1922 erhielt Zita nach einem langwierigen Papierkrieg von den Schweizer Behörden die Bewilligung für eine befristete Einreise. Sie wollte bei der Blinddarmoperation ihres Sohnes Robert dabeisein. Aber das war nicht der einzige Grund für ihre Reise. Sie wollte alle

ihre Kinder zu sich holen, mit der Schweizer Regierung klärende Gespräche führen und sich mit ihrem Vermögensverwalter beraten.
Die Reise der Exkaiserin löste ein riesiges Presseecho und diplomatische Aktivitäten aus. Gerüchte über einen Putschversuch machten die Runde.
Zita wurde in der Schweiz streng observiert. Zwar durfte sie ihre Kinder im Paracelsus-Krankenhaus besuchen, aber es wurde ihr nicht gestattet, sich mit ihnen in der Öffentlichkeit zu zeigen. Ihr Aktionsradius wurde auf ein Minimum beschränkt. Schlimmer und folgenschwerer war es, daß ein betrügerischer Geschäftsmann, der im Dienste des Kaisers stand, den Familienschmuck zur Seite geschafft hatte. Als Zita das erfuhr, blieb ihr für einen Augenblick das Herz stehen. Wie würden sie das kostspielige Hotel auf Madeira bezahlen, das Leben im Exil bestreiten können? Ihr einziger Trost waren die Kinder, die sie auf der Rückreise mitnehmen durfte. Am 2. Februar ging sie mit ihnen in Funchal an Land, von Karl sehnlichst erwartet und stürmisch begrüßt. Die Familie war wieder vereint.
Noch im Februar wechselte Karl aus familiären Gründen den Wohnsitz. Er übersiedelte mit seiner Gemahlin, die im Mai wieder einer Entbindung entgegensah, und den Kindern in die Villa Quinto do Monti (am Berg), die ihm von einem portugiesischen Bankier kostenlos zur Verfügung gestellt wurde. Das Haus bot zwar einen zauberhaften Blick auf das Meer, aber es war für einen Aufenthalt in den Wintermonaten ungeeignet. Es war nur notdürftig eingerichtet, es fehlte an einer geeigneten Heizung, es gab kein elektrisches Licht, Fließwasser stand nur in der Küche und im ersten Stock zur Verfügung. »Wir haben nur ein einziges Wasserklosett im ganzen Haus«, schilderte eine österreichische Kammerfrau in einem Brief an ihre Angehörigen die tristen Verhältnisse. »Die Villa wäre schön, aber wir haben wenig Platz, obwohl hier nur das allernötigste Personal ist. Zum Heizen gibt es nur ganz grünes Holz, das beständig raucht. Gewaschen wird nur mit kaltem Wasser und Seife. Und leider haben wir hier nur wenig Sonne. Wir schauen ganz neidisch auf Funchal hinunter, wo sie beständig scheint. Das Haus ist so feucht, es riecht überall nach Moder.«

Der zähe Nebel, der das Haus einhüllte, verdüsterte die Stimmung, schlug sich auf das Gemüt, verschlechterte den Gesundheitszustand des Kaisers, den seit Wochen ein hartnäckiger Husten plagte. Am 9. März 1922 entschloß sich Karl zu einem Fußmarsch nach Funchal, um Spielzeug für seinen vierjährigen Sohn Karl Ludwig zu kaufen. Der Weg hin und zurück nahm einen ganzen Tag in Anspruch. Es war ein rauher, naßkalter, windiger Tag, und der Exkaiser machte sich ohne Mantel auf die mühsame Tour. Er zog sich eine schwere Erkältung zu, zu der sich Bronchitis und hohes Fieber gesellten. Als sein Zustand besorgniserregend wurde, bestand Zita darauf, einen Arzt zu rufen. Aber es war bereits zu spät. Ein Lungenflügel war angegriffen, die schwere Erkrankung konnte mit den therapeutischen Mitteln der damaligen Zeit nicht mehr eingedämmt werden. Am 27. März empfing Karl die Letzte Ölung. Von seiner Frau, die Tag und Nacht an seiner Seite weilte, gepflegt und umsorgt, hauchte der letzte österreichische Kaiser am 1. April 1922 sein Leben aus. Sein Leichnam wurde vier Tage später in einem einfachen Sarg in der Kirche Nossa Senhora do Monte beigesetzt. Dort ruht er noch heute.

Schon bald nach dem Tod ihres Gemahls wandte sich Zita an den spanischen König Alfons XIII. mit der Bitte um Asyl. Sie wurde ihr gerne gewährt. An Bord des Kriegsschiffes »Infanta Isabel« brachte man die Ex-Kaiserin mit ihrer Familie von Funchal nach Cadiz und von dort in den Palast El Pardo bei Madrid, wo sie am 31. Mai 1922 ihr letztes Kind zur Welt brachte. Das Mädchen wurde auf den Namen Elisabeth getauft.
Der Aufenthalt in dem geräumigen, aber für Wohnzwecke wenig geeigneten Bauwerk währte nur kurz. Bereits im August übersiedelte Zita mit Anhang und Gefolge in den Nordwesten Spaniens. Im Palacio Uribarren in der Nähe des baskischen Fischerdorfes Lequetio fand sie eine für ihre Bedürfnisse passende Heimstätte. Das Gebäude mit seinem schönen Ausblick auf den Atlantik bot mit etwa dreißig Räumen auf drei Geschossen reichlich Platz für die große Familie.
Zita betrachtete in den nächsten Jahren die Erziehung und Ausbildung ihrer Kinder als ihre vordringlichste Aufgabe. Besondere

Sorgfalt und Aufmerksamkeit wandte sie dabei ihrem ältesten Sohn Otto zu. Für ihn wählte sie die besten Lehrer aus, er wurde nach einem vom ehemaligen österreichischen Ministerpräsidenten Max Hussarek und dem ungarischen Kultusminister János Graf Zichy ausgearbeiteten umfassenden Lehrplan unterrichtet und auf seine zukünftige Aufgabe als Oberhaupt des Hauses Habsburg, die sie bis zu seiner Großjährigkeit stellvertretend für ihn ausübte, vorbereitet. Otto sollte und würde wieder auf den Thron zurückkehren, als Souverän eines großräumigen Staates, zumindest aber als König von Ungarn – davon war die energische, zielbewußte Frau felsenfest überzeugt.

In Zitas Erziehungsgrundsätzen war für pädagogische Verwaschenheit und Verweichlichung kein Platz. Die Grundpfeiler ihrer betont konservativen Weltanschauung waren ein unerschütterliches Gottvertrauen, Pflichtbewußtsein, Ordnung und Genügsamkeit. Die Exkaiserin war eine fordernde Mutter. Sie gab den Ton an, Widerspruch sah und duldete sie nur ungern. Ihr Sohn Otto bekannte einmal: »Sie war eine Zuchtmeisterin, ja, das war sie, streng mit uns, weil sie auch so streng mit sich selbst war.«

Der Sohn blickte zu ihr auf, schätzte ihre Klugheit und ihren Rat, den er auch als reifer Mann immer wieder einholte.

Zita hielt in ihrem Wohnsitz im Baskenland zwar nicht hof, aber ihr Domizil zog doch zahlreiche Besucher aus allen Teilen Europas, vor allem aus den Gebieten der ehemaligen Donaumonarchie, an, war ein Treffpunkt monarchistischer und legitimistischer Kreise.

1929 vollzog Zita abermals einen Ortswechsel. Für ihren Entschluß, Spanien zu verlassen, gab es zwei Gründe: einen politischen und einen familiären. Zum einen erkannte die Exkaiserin, die einen wachen Sinn für politische Entwicklungen hatte, daß der spanische Thron einer wachsenden Gefährdung ausgesetzt war, andererseits mußte für Ottos weitere Ausbildung vorgesorgt werden.

Nach Abwägung der verschiedensten Gesichtspunkte und Umstände wählte Zita mit Einwilligung König Alberts I. Belgien zu ihrem neuen Asylland. Die Familie fand im Schloß Ham in Steenokkerzeel, das von einem französischen Adeligen zur Verfügung gestellt wurde,

Zuflucht. Otto, der ein Jahr lang das Gymnasium der Benediktiner im luxemburgischen Clerveaux besucht hatte, bezog die katholische Universität Löwen. Am 20. November 1930 wurde er im Rahmen einer Feier mit geziemend monarchistischem Gepränge für volljährig erklärt.

Das krisengeschüttelte Europa war in ein ereignisreiches und turbulentes Jahrzehnt eingetreten. Am politischen Horizont dämmerte der Nationalsozialismus herauf, in zahlreichen Ländern machten sich faschistische Bewegungen breit. In einigen Staaten der ehemaligen k.u.k. Doppelmonarchie erhielt der Legitimismus Auftrieb, Zitas Hoffnungen auf eine Restauration wuchsen. Diesbezügliche Entwicklungen wurden von ihr geschickt gefördert. Sie wurde von Papst Pius XI. in Audienz empfangen, nahm über einen Mittelsmann Kontakt zu Mussolini auf, von dem sie sich die Unterstützung Italiens für eine mögliche Rückkehr nach Ungarn versprach. Die politisch überaus aktive Exkaiserin listete für Otto sogar eine Reihe von Verhaltensregeln im Umgang mit dem italienischen König auf.
Im faschistoiden österreichischen Ständestaat der Jahre 1934 bis 1938 wurde die Landesverweisung der kaiserlichen Familie aufgehoben. Erzherzog Otto erhielt in zahlreichen Gemeinden die Ehrenbürgerschaft. Der Thronprätendent, der nach Abschluß seines Studiums politisch stärker in den Vordergrund trat, traf mit Bundeskanzler Schuschnigg einige Male zu Geheimgesprächen zusammen, die die Restauration des Hauses Habsburg zum Inhalt hatten. Zita war an den Vorbereitungen der Zusammenkünfte beteiligt, entwarf Restaurationsszenarien, erteilte Ratschläge, zog diplomatische Fäden. Als zu Beginn des Jahres 1938 die staatliche Unabhängigkeit durch Hitler-Deutschland bereits ernsthaft in Frage gestellt wurde, kam es zwischen ihr und ihrem ältesten Sohn zu einer tiefgreifenden Meinungsverschiedenheit. Zita drängte Otto zur Einreise nach Österreich. Otto erklärte dazu 1990 rückblickend: »Sie glaubte fest daran, daß in einer Notlage der Mut siege, ungeachtet aller Schwierigkeiten, und sie beharrte auf dem Standpunkt, daß wir als Habsburger die Aufgabe hätten, Österreich beizustehen, komme, was da wolle, und daß schon der

Name allein die Gegner des Nationalsozialismus mobilisieren werde.«
Otto stürzte sich nicht in das politische Abenteuer. Er schickte jedoch mit Zustimmung der Exkaiserin ein Schreiben an Schuschnigg, in dem er dem Bundeskanzler vorschlug, in der existenzgefährdeten Situation, in der sich Österreich befand, die Westmächte um Hilfe zu bitten und ihm das Amt des Bundeskanzlers zu übergeben. Schuschnigg lehnte höflich-distanziert ab.
Der Einmarsch der deutschen Truppen in Österreich am 12. März 1938 bereitete allen diesen politischen Überlegungen, Vorschlägen und Erläuterungen ein rasches Ende.
Zu Beginn des Zweiten Weltkrieges weilte Zita in Steenokkerzeel. Gegen Otto Habsburg erließ das deutsche Justizministerium einen steckbrieflichen Haftbefehl. Begründung: Hochverrat. Der Thronprätendent befand sich jedoch außerhalb der Reichweite des Naziregimes. Er hielt sich in Paris auf, wo er sich um die Bildung einer österreichischen Exilregierung bemühte. Anfang März 1940 begab er sich in die USA, führte dort politische Gespräche und traf auch mit Präsident Franklin Delano Roosevelt zusammen.
Am 10. Mai 1940, einen Tag nach ihrem 48. Geburtstag, den sie im Familienkreis gefeiert hatte, wurde Zita mit ihren Angehörigen vom Krieg eingeholt. Die deutsche Armee überfiel das neutrale Belgien, in der Nähe des Schlosses gingen Bomben nieder. Eilends wurden die Koffer gepackt. Die Exkaiserin war wieder auf der Flucht. Über die französische Grenze und durch Frankreich und Nordspanien gelangte Zita nach Portugal. Von dort aus wurde sie nach Erhalt der Einreisegenehmigung im Juli 1940 mit einem amerikanischen Verkehrsflugzeug in die USA geflogen, wo sie ihre Söhne Otto und Felix erwarteten. Auf amerikanischem Boden angelangt, gab sie ein hochpolitischen Kommunique heraus. Sie glaube fest an die Demokratie in Europa, äußerte sie darin, und sei vom Sieg der Freiheit und des Christentums über den Totalitarismus überzeugt. Als Bollwerk gegen den Pangermanismus und den Bolschewismus trat sie für eine »zentrale europäische Konföderation der Staaten« ein. Unter wessen Führung diese Konföderation agieren sollte, sagte sie nicht, aber sie kann nur das Haus Habsburg gemeint haben.

Zita fand zunächst auf einem Landsitz in Massachusetts Unterschlupf, übersiedelte aber im Oktober 1940 in das kanadische Quebec, um ihren vier jüngsten Kindern die Weiterführung ihrer Ausbildung und ihres Studiums zu ermöglichen. Die Familie bewohnte die Villa St. Joseph, die einem Nonnenkloster gehörte. Es war nach der Beschreibung einer Besucherin »ein ödes, kleines Haus, ohne Vorhänge und Bilder, mit einem Boden aus Linoleum«.
Die Mittel für den zehnköpfigen Haushalt waren begrenzt, man lebte anspruchslos, geradezu asketisch. Das politische Geschehen verfolgte Zita weiterhin mit wachem Verstand, unterhielt eine umfangreiche Korrespondenz mit einflußreichen Persönlichkeiten, war im ständigen Kontakt mit ihren Kindern, vor allem mit Otto, und führte im Weißen Haus Gespräche mit Präsident Roosevelt, bei denen in einem regen Gedankenaustausch Pläne über das Europa der Nachkriegszeit erörtert wurden.

Die schriftliche Kapitulation Hitler-Deutschlands am 9. Mai 1945 durch Generalfeldmarschall Wilhelm Keitel in Berlin fiel mit dem 53. Geburtstag der Exkaiserin zusammen. Für Zita muß es ein Freudentag gewesen sein.
Nach Europa kehrte sie vorerst nicht zurück. Sie widmete sich in den nächsten Jahren mit ganzer Kraft der Organisation von Hilfslieferungen für das durch den Krieg schwer heimgesuchte Europa. Unermüdlich reiste sie quer durch Kanada und die USA, hielt Vorträge, in denen sie die Not der Bevölkerung in den ehemaligen Kronländern der Monarchie schilderte, die sie im Ersten Weltkrieg selbst kennengelernt hatte, ersuchte die Menschen und die amtlichen Stellen um Lebensmittel- und Kleiderspenden. Dabei scheute sie keine Mühen und keine Strapazen. Vor Weihnachten 1948 verließ sie Quebec und übersiedelte nach Tuxedo im US-Staat New York. Dort setzte sie ihre karitative Tätigkeit fort.
Um ihre Hoffnungen, das Haus Habsburg könnte im Nachkriegseuropa wieder eine politische Rolle spielen, stand es schlecht. Die Tschechoslowakei, Ungarn, Polen und die Balkanstaaten gerieten unter kommunistische Herrschaft und wurden in den Machtbereich der

Sowjetunion eingegliedert. Am Anspruch ihres Erstgeborenen auf die Krone hielt sie im Geist fest, auch wenn sie sich öffentlich dazu nicht mehr äußerte.

Dem alten Kontinent stattete sie anläßlich der Hochzeiten ihrer Kinder Besuche ab – so etwa im Mai 1951, als Otto in Nancy Prinzessin Regina von Sachsen-Meiningen heiratete –, ehe sie sich wieder auf Dauer in Europa niederließ. Sie lebte zunächst im luxemburgischen Schloß Berg, wo sie ihrer Mutter in deren letzten Lebensjahren Hilfe und Beistand leistete. Dann erst dachte sie daran, für ihren eigenen Lebensabend vorzusorgen. Das St.-Johannes-Stift Zizers nahe Chur im Schweizer Kanton Graubünden war vom Beginn der sechziger Jahre bis zu ihrem Tod ihre Bleibe, ihr letztes Domizil. In dem als Altersheim für Priester und geistliche Schwestern adaptierten Gebäude bewohnte die letzte Kaiserin von Österreich ein paar Räume mit Veranda.

Zita war auch in ihren letzten Lebensjahrzehnten körperlich gesund und hatte sich ihre geistige Frische bewahrt. Aufmerksam und mit großem Interesse verfolgte sie das Weltgeschehen und nahm regen Anteil am Leben ihrer Kinder, ihrer Enkel und Urenkel.

Mit Eifer, aber ohne Erfolg betrieb die alte Dame beim Vatikan die Seligsprechung ihres Gemahls und nahm nur ungern und schweren Herzens zur Kenntnis, daß Otto in einer formellen Erklärung auf seine Mitgliedschaft im Erzhaus und auf die Thronansprüche verzichtete. Otto Habsburg nahm später dazu Stellung: »Eine Restauration schien mir, in meinem eigenen Fall, nach allen praktischen Gegebenheiten nicht in Betracht zu kommen ... Ich mußte die Lage realistisch einschätzen und die Position aufgeben, die nicht mehr gehalten werden konnte und die nach meiner Auffassung sowieso nicht mehr sinnvoll war. Außerdem fand ich, daß ich im größeren europäischen Bereich, den ich bereits ernsthaft ins Auge faßte, keinen konkreten nützlichen Betrag leisten könnte, wenn ich weiterhin Thronprätendent eines Landes in diesem Europa bliebe.«

Eine Woche nach ihrem 90. Geburtstag, den sie in Zizers im Familienkreis feierte, am 16. Mai 1982, betrat Zita nach 63jährigem Exil wieder österreichischen Boden. Die Regierung Kreisky hatte ihr ohne

Bedingungen die Einreise gestattet. Sie besuchte das Grab ihrer frühverstorbenen Tochter Adelheid in Tulfes (Tirol) und kehrte noch am selben Tag nach Zizers zurück.
Als Tag für die »offizielle Rückkehr« nach Österreich wählte sie ganz bewußt den 17. August 1982, den 95. Geburtstag Kaiser Karls. War ihre erste Einreise fast unbemerkt geblieben, so gab es um die vornehme alte Dame in Schwarz nun einen regelrechten Rummel. Zita machte Schlagzeilen in der Presse, es gab Reportagen im Fernsehen, die Magazine berichteten in Wort und Bild über ihr Leben.
Bei ihren weiteren Österreichbesuchen, am 1. September im Wallfahrtsort Mariazell und am 13. November im Wiener Stephansdom, fanden sich Tausende Menschen ein, um ihr ihre Sympathie zu bekunden. Man bestaunte sie wie ein Lebewesen aus einer anderen Welt. Aus einer anderen Zeit kam sie jedenfalls.
Gesundheitlich ging es der Exkaiserin nun nicht mehr so gut. Die Beine versagten ihr den Dienst, sie mußte sich beim Gehen auf einen Stock stützen. Ihr Sehvermögen schwand bis zur völligen Erblindung. Geistig blieb sie jedoch rege. Die Zeitungsnachrichten wurden ihr zu Gehör gebracht, das Weltgeschehen verfolgte sie über den Rundfunk. In den Herbst- und Wintermonaten des Jahres 1988/89 konnte sie nur noch für kurze Zeit das Bett verlassen, in den letzten Tagen vor ihrem Tod nahm sie keine Nahrung mehr zu sich und war nicht mehr ansprechbar. Am 14. März 1989, kurze Zeit nach Mitternacht, erlosch ihr Leben.
Der Leichnam wurde im Kantonsspital Chur einbalsamiert, das Herz dem Körper entnommen, in eine Urne gelegt und später neben der Herzurne ihres Gemahls im Schweizer Kloster Muri beigesetzt.
Das Begräbnis der letzten österreichischen Kaiserin am 1. April 1989 ging im republikanischen Österreich nach altem habsburgischen Hofzeremoniell vor sich. An der feierlichen Einsegnung im Stephansdom, die vom Wiener Erzbischof, Kardinal Hans Hermann Groer, zelebriert wurde, nahmen 600 Ehrengäste aus dem In- und Ausland und Tausende Menschen teil. Nach Schluß der Zeremonie bewegte sich der Leichenzug mit dem von sechs Noriker-Rappen gezogenen Katafalk und den zahlreichen Trauergästen durch ein Spalier von etwa

20 000 Menschen über Graben, Kohlmarkt, an der Hofburg, der Augustinerkirche und der Albertina vorbei zur Kapuzinerkirche, in deren Gruft die Kaiserin ihre letzte Ruhestätte fand. Mit ihrer Beisetzung ist der letzte Abschnitt habsburgischer Dynastengeschichte zu Ende gegangen.

Anhang

Stammtafel

Leopold II. ∞	Maria Ludovica	Ferdinand IV. (I.) ∞	Maria Karolina
Großhzg. v. Toskana	Inf. v. Spanien	König v. Neapel-Siz.	v. Habsb.-Lothr.
1747–1792	1745–1792	1751–1825	1752–1814

Franz II. (I.) ∞	Marie Therese
v. Habsb.-Lothr.	v. Neapel–Sizilien
1768–1835	1772–1807

12 Kinder:

1.	Marie Louise Gemahlin Napoleons	1791–1847
2.	Ferdinand I. Kaiser v. Österreich	1793–1875
3.	Karoline Leopoldine	1794–1795
4.	Karoline Luise	1795–1799
5.	Leopoldine Kaiserin von Brasilien	1797–1826
6.	Klementine	1798–1881
7.	Josef Franz	1799–1807
8.	Karoline Ferdinande	1801–1832
9.	Franz Karl Vater Kaiser Franz Josephs	1802–1878
10.	Maria Anna	1804–1858
11.	Johann	1805–1809
12.	Amalia	6. 4. 1807–9. 4. 1807

Die Gattinnen Franz' II. (I.)

1. Elisabeth Wilh. v. Württemberg
1767–1790
Heirat: 6. Januar 1788

2. Marie Therese v. Neapel-Sizilien
1772–1807
Heirat: 19. September 1790

3. Maria Ludovica von Este
1787–1816
Heirat: 6. Januar 1808

4. Karoline Auguste von Bayern
1792–1873
Heirat: 10. November 1816

Stammtafel

Franz II. (I.) ∞ Marie Therese
v. Habsb.-Lothr. v. Neapel–Sizilien
1768–1835 1772–1807

Ferdinand I. ∞ Maria Anna
1793–1875 1803–1884
Heirat: 27. Februar 1831

Franz Karl ∞ Sophie v. Bayern
1802–1878 1805–1872

Franz Joseph
1830–1916
∞
Elisabeth
1805–1872
Heirat:
24. April 1854

Karl Ludwig
1833–1869
∞
Maria Annunciata
1805–1872

Otto
1865–1906
∞
Maria Josefa
1867–1944

Kaiser Karl I.
1887–1922
∞
Zita
1892–1989
Heirat:
21. Oktober 1911

Quellen

Haus-, Hof- und Staatsarchiv, Wien:
Die geheimen Tagebücher Kaiser Ferdinands aus dem Revolutionsjahr 1848
Familien-Correspondenz A, Kartons 29, 30
Familien-Akten, Karton 69
Neue Zeremonialakten A, Karton 246

1884 Tod Maria Annas

Receptbücher der Allerhöchsten Familie, Hofapotheke 53, 54;
Österreichische Nationalbibliothek, Handschriftensammlung: Briefe der Kaiserin Maria Anna an Gräfin Therese Pálffy, geb. Rossi
Neue Freie Presse, Mai 1884
Ségur-Cabanac, Franz Marcel von: Journal 1771–1847. Briefe an seine Gemahlin Fanny
Galerie Hassfurther: Das Haus Habsburg. Kunst und Autographen, Auktion 28. März 1996

Literaturauswahl

Adalbert Prinz von Bayern: Max I. Joseph von Bayern, München 1957
Bibl, Viktor: Kaiser Franz. Der letzte römisch-deutsche Kaiser, Leipzig und Wien 1938
Bohner, Theodor: Das Haus Savoyen, Berlin 1941
Brook-Shepard, Gordon: Zita. Die letzte Kaiserin, München 1991
Broucek, Peter: Karl I. (V.): Der politische Weg des letzten Herrschers der Donaumonarchie, Wien–Köln–Weimar 1997
Bourgoing, Jean Freiherr von: Vom Wiener Kongreß, Brünn–München–Wien 1943
Corti, Egon Caesar Conte: Ludwig I. von Bayern, München 1937
Corti, Egon Caesar Conte: Elisabeth, die seltsame Frau, Salzburg 1934
Feigl, Erich: Kaiserin Zita. Kronzeugin eines Jahrhunderts, Wien–München 1989

Griesser-Pečar, Tamara: Zita. Die Wahrheit über Europas letzte Kaiserin, Bergisch-Gladbach 1985
Guglia, Eugen: Kaiserin Ludovica von Österreich (1787–1816), Wien 1894
Hamann, Brigitte (Hg.): Die Habsburger. Ein biographisches Lexikon, Wien 1988
Hamann, Brigitte: Elisabeth. Kaiserin wider Willen, Wien–München 1982
Hauser, Susanna Elisabeth: Caroline Auguste von Bayern. Die vierte Gemahlin Kaiser Franz' I., Bde. 1–3, phil. Diss., Wien 1991
Holler, Gerd: Gerechtigkeit für Ferdinand. Österreichs gütiger Kaiser, Wien–München 1986
Holler, Gerd: Sophie. Die heimliche Kaiserin. Mutter Franz Josephs I., Wien–München 1993
Kaisertum Österreich 1804–1848, Ausstellungskatalog Schallaburg 1996, Bad Vöslau 1996
Leitner, Thea: Habsburgs verkaufte Töchter, Wien 1987
Magenschab, Hans: Erzherzog Johann. Habsburgs grüner Rebell, Wien–Graz–Köln 1981
Nöbauer, Hans F.: Die Wittelsbacher. Eine europäische Dynastie, Bern–München 1979
Oberacker, Carlos H.: Leopoldine. Habsburgs Kaiserin von Brasilien, Wien–München 1988
Peham, Helga: Leopold II. Herrscher mit weiser Hand, Graz–Wien–Köln 1987
Politzer, Heinz: Franz Grillparzer oder das abgründige Biedermeier, Wien 1972
Praschl-Bichler, Gabriele: Kaiserin Elisabeth. Mythos und Wahrheit, Wien–München 1996
Rall Hans und Marga: Die Wittelsbacher in Lebensbildern, Graz–Wien–Köln 1986
Rieder Heinz: Kaiser Karl. Der letzte Monarch Österreich-Ungarns 1887–1922, München 1981
Saathen, Friedrich: Anna Nahowski und Kaiser Franz Joseph, Wien–Graz–Köln 1986

Schad, Martha: Bayerns Königinnen, Regensburg 1995[3]
Schäfer, Dieter: Ferdinand von Österreich, Wien–Graz–Köln 1988
Schiel, Irmgard: Marie Luise. Eine Habsburgerin für Napoleon, Stuttgart 1983
Ségur-Cabanac, Viktor: Kaiser Ferdinand I. als Regent und Mensch, Wien 1912
Ségur-Cabanac, Viktor: Kaiser Ferdinand I. (V.) der Gütige in Prag, Brünn 1913
Spiel, Hilde (Hg.): Der Wiener Kongreß in Augenzeugenberichten, München 1978
Tamussino, Ursula: Des Teufels Großmutter. Eine Biographie der Königin Maria Carolina von Neapel-Sizilien, Wien 1991
Thiele, Johannes: Elisabeth. Das Buch ihres Lebens, München–Leipzig 1996
Tritsch, Walther: Franz von Österreich. Der Kaiser des »Gott erhalte«, Leipzig–Mährisch Ostrau 1937
Werkmann, Karl: Der Tote auf Madeira, München 1923
Wertheimer, Eduard: Die drei ersten Frauen des Kaisers Franz, Leipzig 1893
Wolfsgruber, Cölestin: Carolina Auguste, die »Kaiserin-Mutter«, Wien 1893

Personenregister

Bildnachweis
Bildarchiv der Österreichischen Nationalbibliothek: 11, 35, 99, 129, 153
Kunsthistorisches Museum Wien: 69